나의 삶
나의 생각

# 나의 삶
# 나의 생각

장만채

RHK
알에이치코리아

# 책을 펴내면서

전 순천대학교 총장
전 전라남도 교육감

**장만채**

사람이 하는 일 중에서 가장 보람 있고 훌륭한 일이 남을 가르치고 베푸는 일이라는 신념으로 교육자의 길에 들어선 지도 어언 30여 년의 세월이 흘렀다. 이러한 나의 삶 속에 수많은 번민과 좌절의 세월도 있었지만, 나는 그때마다 용기와 희망을 버리지 않았고 끝없이 도전하는 삶을 살아왔다. '가치 있는 삶이란 어떤 것인가?' 이 말은 내 인생에 꼬리표처럼 따라다니는 나의 생활철학이자 지침서였다.

영국의 역사가 아놀드 토인비는 그의 저서 《도전과 응전》에서 '인간의 문명과 사회를 발전시키는 원동력은 끝없는 고난이다'라고 했다. 내가 지금까지 살아온 길도 어찌 보면 그렇게 순탄치만은 않았지만, 그래도 나는 행복한 삶을 살아오면서 목표를 향해 끝없이 도전하는 삶을 살아왔다고 생각한다.

내가 좋아하는《논어》위정편에는 '배우기만 하고 생각하지 않으면 막연하고, 생각만 하고 배우지 않으면 위태롭다'라는 말이 있다. 이를 유념해 학창시절에는 공부를 열심히 했고, 교수 때에는 학생들을 가르치며 인재육성에 전념했다. 순천대 총장과 전남도 교육감 재직 시에는 창의적 인재를 길러내기 위한 행정에 최선을 다했다. 이처럼 나는 그 어떤 날도 허망하게 보내지 않기 위해 치열하게 살아왔다. 그렇더라도 나의 삶에 있어서 세상은 녹록치 않았고, 힘든 일들이 항상 따라다녔다. 그럴 때면 나는 책을 읽는다. 책 속에서 새로운 진리를 터득하게 되고, 나와 다른 참신한 생각들이 나를 더 온전하게 만들어주었기 때문이다.

내가 틈나는 대로 읽은 책 중에 가장 심도 있게 본 것이 프란체스코 알베로니의《지도자의 조건》이라는 책이다.

지도자가 올바르고 객관적이고 공정하려고 노력했을 때, 조직은 건실해지며 나아가 지도자의 창의적 열정과 깨끗함에 근거한 강한 추진력이 주위의 모든 것을 개선하고 발전시킬 수 있다는 메시지를 담고 있는 책이다. 지도자는 무엇보다도 먼저 꿈을 지니고 구성원에게 희망을 줄 수 있어야 하며, 계획과 꿈을 실현하기 위해 필요한 수단으로 권력을 추구해야지 권력 자체가 목적이 되어서는 안 된다는 내용이다.

내가 순천대학교 총장이 되고 난 후, 제일 먼저 한 일이 학생들의 전공 선택권을 넓혀주는 학과개편과 자아형성에 도움을 줄 수 있는 교양과목의 재정비였다. 그리고 8년간 전라남도 교육감으로서 혁신적이고 미래지향적인 전남교육의 토대를 만들기 위해 혼신의 힘을 쏟았다.

나는 매일 일상적으로 반복되는 생활 속에서도 끊임없이 전남교육의 미래를 생각했고 교육자로서의 사명과 책무를 망각하지 않았다.

우리나라 교육이 어디에서부터 잘못된 것일까?

교육의 결정판인 대학교육은 초·중·고 교육에 잇대 있기 때문에 초등학교 교육부터 새롭게 정립하지 않고서는 오늘날 우리 사회가 안고 있는 문제들을 해결할 수가 없다는 결론이다.

지식의 열매를 대학교육에서 맺는다면 고등학교 과정은 이를 준비하는 과정으로 또는 전문교육과정으로, 그에 걸맞은 교육이 주를 이뤄야 할 것이다.

교육 선진국인 미국에서는 대학을 입학하기 전에 6년제, 9년제, 12년제 등의 학교가 그 특성에 따라 제도화되어 있다. 이렇게 체계적으로 교육이 이뤄져야 학생들이 성장하면서 자연스럽게 자아를 형성하고 건실한 사회인으로서의 역할을 할 수 있다.

교육에 대한 확실한 비전과 개혁에 대한 관심과 열정 그리고 추진력은 한 사회의 리더가 갖춰야 할 필요충분조건이다.

그래서 오바마 미국 대통령을 비롯한 부시, 클린턴 등 역대 미국 대통령들은 교육에 가장 역점을 두고 자신들을 교육대통령으로 불려지길 원했던 것이다.

나는 '기회는 평등하고, 과정은 공정하며, 결과는 정의로워야 한다.'는 문재인 대통령의 말씀을 참 좋아한다. 나라도, 우리 지역사회도, 작은 공동체도 모두 그러해야 한다고 생각한다. 진학이나 취업 기회를 부여하는 데 있어 모든 학생과 청년에게 평등함이 주어지고, 일하는 과정은 누구에게나 공정해야 한다. 이 두 가지가 이뤄진다면 당연히 결과는 정의로울 것이다.

현재 우리나라의 정치, 경제, 사회 모든 분야가 혼돈에 휩싸여 있다. 세계경제의 침체와 미중무역 갈등 등이 경제를 어렵게 만들고 있다. '자기는 옳고, 남은 그르다' 하는 치우친 생각으로 정치는 한발짝도 나가지 못하고 있다. 절대 손해 보지 않으려는 세태가 사회를 극단으로 몰아가고 있기 때문이다.

혼돈의 정치, 경제, 사회를 정리할 묘안은 없을까?

해결점을 찾기 위해 나는 매일매일 책을 읽고 사람들을 만난다. 내 머릿속에 어렴풋이 잡히는 게 있다. 물 잔을 내어주고 바다를 담으려는 욕심을 버려야 한다는 것이다. 내 것을 포기하고 상대방을 존중하면 된다는 생각이다. 이를 실천하기 위해 나는 오늘도 마음을 추스려 본다.

그동안 살아왔던 나의 삶 이야기와 나의 생각을 부족하나마 이 책 한 권에 담아보고자 한다.

# 끈기와 뚝심 그리고 열정으로

전 순천대학교 총장

김진호

나는 1965년 순천농림고등학교 교사를 시작으로 1999년 2월 정년을 할 때까지 34년여 세월을 순천대학교와 함께했다. 그동안 교무과장, 학장을 거쳐 총장까지 역임하였다. 이렇듯 나의 젊음을 모두 바친 순천대학교이기에 나는 누구보다도 순천대학교를 사랑한다고 말할 수 있다.

장만채 교수는 1985년 교수에 부임한 이래 나와 인연을 맺었다. 그 당시 장만채 교수는 27세의 젊은 나이로 카이스트 최연소 박사라는 영예로운 타이틀을 갖고 우리 대학의 교수로 부임했으며, 학내 구성원들의 기대를 한 몸에 받기도 했었다. 장 교수는 주위로부터 기대에 어긋나지 않을 정도로 교육과 연구에 대해서 열정적이고 독보적이었다. 당시에는 학생운동이 활발하여 학내 민주화 바람이 거셌던 암울한 시기였기 때문에 학생지도에 어려움이 많을 때였는데, 장 교수는 언제나 학교와 학생을 위해 어려운 일도 마다 않고 동분서주했던 패기 넘치던 교수였다.

"열길 물속은 알아도 한 길 사람 속은 모른다."라고 했다. 하지만 많은 세월을 동료 교수로 지내왔고, 또한 장 교수가 나의 후임 총장을 지내며 학교 현안에 대해 많은 이야기를 나누었기 때문에, 나는 장만채 교수가 어떤 사람이란 걸 잘 안다 할 수 있다.

그는 순수하고 영혼이 맑은 사람이다. 학문에 대한 자존심, 어려운 일을 스스로 해결하려는 책임감이 강하고 이웃에 대한 배려는 따뜻하다.

언젠가 여름방학이 끝나고 얼굴이 검게 탄 것을 보고, 바캉스를 아주 즐겁게 다녀왔느냐고 물으니 뙤약볕에서 농사일을 하고 왔다고 했다. 농사를 직접 지으며 땅과 우리 농민들의 고마움을 느껴보고 싶었다고 말했다.

"힘들었지만 많은 것을 느낄 수 있어 보람 있었습니다."

그렇게 말하며 웃는 장 교수의 모습에서 나는 그의 소박함과 순수함을 느낄 수 있었다. '백면서생(白面書生)이라는 교수가 저런 생각을 할 수 있다니…. 역시 리더가 될 사람은 다르다'는 생각을 했다.

그가 순천대 총장 시절에는 지방대의 미래가 불투명하여 위기감이 몸으로 느껴지기 시작했던 때였다. 그래서 그는 틈만 나면 학교의 현안을 이야기하고 문제해결 방안에 대해서 나를 비롯한 동료들에게 자문을 구하기도 했다. 특히 약학대, 간호학과 및 의대도 유치해야 했고, 재정지원도 이끌어내야 했기 때문이었다. 하지만 남쪽 끝 순천에서 올라온 지방대 총장을 맞이하는 교육부 직원들의 눈길은 그리 따뜻하진 않았을 것이라고 짐작하고 있을 때였다. 뿐만 아니라 학교에 관한 충분한 자료를 제시하며 지원을 요청해도 녹록치 않았을 것인데 그는 결코 좌절하지 않았다.

그러한 노력의 결과로 약학대와 간호학과의 유치에 성공했고, 의대 유치는 현재 진행형이다. 이러한 모든 것들이 장만채 전 총장의 끈기와 뚝심, 열정이 이루어낸 결과이다.

이 밖에도 장 전 총장은 학령인구 감소로 큰 위기를 맞고 있는 순천대 발전을 위해 많은 일을 했다. 장만채 총장 임기 동안에 한 가지 아쉬운 일도 있었다. 그것은 그의 모든 열정을 다 바쳐 유치하려 했던 광양캠퍼스가 현실화됐다면, 포스코 광양제철소로부터 많은 지원을 이끌어내 순천대가 한 단계 도약했을 텐데 그러지 못했다. 그만큼 장만채는 미래를 읽고 대비하는 혜안을 가지고 있는 것 같다. 교육감으로 재직하는 동안 농어촌 교육 활성화를 위해 거점고등학교를 육성하고 독서토론열차학교를 운영하는 등 학생들의 미래 역량을 키우기 위해 다양한 정책을 수행한 것이 그 증거이다.


이러한 강한 책임감과 열정이 냉철한 이성으로부터 나왔다면, 그의 봉사와 배려 정신은 따뜻한 마음에서 나온다. 장 전 총장은 길가다 어려운 사람을 보면 그냥 지나치는 법이 없다. 아무리 바빠도 말을 걸어주고, 호주머니를 뒤져 작으나마 도움을 준다. 주변에 어려운 이웃이 있으면 따뜻한 세상을 꿈꾸며 아낌없이 내어준다.

　그가 교육감 재직시절에 바쁜 가운데도 순천대학교와 순천을 사랑하는 그의 마음에 고마움을 가진 기억이 있다. 현재 순천대학교 캠퍼스 내에 전남교육청 부지가 있고 대학에서는 권리행사를 할 수 없었다. 나는 총장시절 이 부지의 활용을 위해 노력했지만 관계법에 의해 어쩔 수 없었다. 그는 이러한 사정을 알고 절차를 거쳐 건물을 지을 수 있게 해주었고, 지금 평생교육원으로 사용할 7층짜리 건물 공사가 거의 완공되었다. 순천대학을 사랑하는 한 사람으로 깊은 감사를 드린다. 순천대학뿐만 아니라 순천시의 교육에 관한 민원은 모두 해결해준 것에 대하여 깊이 감사한 마음이다.

　장만채는 리더로서 높은 도덕성과 청렴함, 겸손한 자세와 업무에 대한 해결능력을 모두 갖춘 보기 드문 인재이다. 그는 순천을 위하여 더 많은 일을 할 수 있고, 한층 새롭게 변화된 순천의 미래를 약속하기에 충분한 사람이다.

# 장만채는 가슴 따뜻한 사람

전 전남도의회 의장

**임명규**

나의 전남도의원 시절에, 장만채 전 교육감은 많은 도의원들과 꽤 좋은 친분관계를 유지하며 전남교육을 잘 이끌어온 사람으로서 나와도 좋은 관계를 지냈던 분이다. 그가 교육감 퇴임 후 오랜만에 전화를 해서 무척 반가웠는데, "의장님! 제가 이번에 자서전을 출판하려고 하는데 의장님의 추천사가 하나 필요합니다."라고 부탁해서 나는 흔쾌히 그의 부탁을 받아들였다.

나는 그가 교육감 퇴임 후 더 큰일을 하지 못한 데 대한 아쉬움도 있었지만, 사람이 일평생 살아가면서 자신의 삶과 철학을 책으로 남긴다는 것은 매우 가치 있는 일이라고 생각되었기에, 나의 짧은 글이나마 그에게 응원의 메시지가 될 거라는 생각으로 추천의 글을 전하고자 한다.

사람은 누구나 자신의 이윤을 추구하며 자기중심적으로 살아가는 것이 일반적인 세상살이다. 기업은 이윤을 추구하고 정당은 정권창출에 그 목적을 두는 것도 같은 이치일 것이다. 하지만 우리 인생에 있어서 가치 있는 삶이 무엇이냐고 묻는다면, 그 대답은 대체로 '내가 어떻게 살아왔는지, 내가 어떤 일을 했는지'에 기준점을 두고 말할 것이다. 나는 무엇보다도 사랑과 헌신 그리고 타인에 대한 배려에 가장 소중한 가치가 있다고 생각한다.

유대인의 지혜를 담은 《탈무드》에는 '등불을 든 장님'이라는 이야기가 있는데, 나는 간혹 이 이야기를 떠올리곤 한다.

칠흙같이 캄캄한 밤길을 걸어가는 한 나그네는 상대편에서 등불을 들고 걸어오는 한 장님을 만난다. 그 나그네는 장님에게 앞을 보지 못하는데 왜 등불을 들고 다니느냐고 물었다. 그러자 그 장님은 나는 등불이 필요 없지만 다른 사람에게 도움을 줄 수 있어서 등불을 들었다고 말한다. 내가 배려하면 밤길에 상대방과 부딪칠 염려도 없으니 일석이조의 지혜로움이다. 무엇보다도 '장님의 등불'은 이 시대를 살아가는 우리가 배워야 할 배려의 아름다움이고, 사랑과 헌신의 실천이기도 한다.

장만채 교육감과의 만남은 나에게 소중한 인연이었고, 도의원 8년간의 생활 속에서 많은 공직자들을 봐왔지만, 이 분은 남다르게 자기만의 독특한 색깔을 지닌 사람으로 기억된다.

언제 봐도 한결같이 편안하고 순박한 성품을 지닌 사람이다. 어찌 보면 고집 있어 보이는데도, 항상 상대방을 배려하고 존중하는 성격을 지녔다. 어려운 일에 부딪혀도 그 일을 우회적으로 해결하지 않고, 언제나 본인이 직접 나서서 해결하는 뚝심 있는 사람이다.

고대 그리스 철학가인 소크라테스의 제자 플라톤은 그의 스승의 가르침을 이어받아 그 당시 민주주의를 향한 정치철학을 집대성하였는데, 그의 저서 《국가》에서 '정치는 사람들이 모여서 잘살게 하는 기술이다. 그리고 도덕적 기반 위에 정의를 실현해야 한다.'라고 기술하고 있다.

여기서 나는 정의를 실현하고 사람들을 잘살게 할 수 있는 지도자의 덕목을 생각해본다. 지도자란 남을 가르쳐 이끄는 사람을 칭하는데, 지도자는 어떠한 덕목을 가져야 할까?

혹자는 심화기화(心和氣和)로써 두루 살피는 지도자가 있으면 조직이 발전한다고 말한다.

또한 지도자의 덕목을 꼽는다면 지도자의 성향이나 경영철학에 따라 다르겠지만 비전을 제시할 수 있는 능력, 도덕적 일관성, 깊은 사고력과 명철한 판단력, 그리고 강력한 추진력 등을 얘기할 수 있겠다. 그러나 나는 여기에서 무엇보다도 타인을 사랑하고 배려하는 지도자의 실천철학이 가장 중요하다고 생각한다.

내가 본 장만채 교육감은 주위의 어려운 사람이나 상처받은 사람들을 볼 때마다 그냥 지나치지 않는 가슴 따뜻한 사람이다.

교육감 시절에 매일 바쁜 일정으로 격무에 시달리고 지쳐 있으면서도, 교육감실에 직접 찾아오는 사람들에게 항상 따뜻하게 맞이해주고 민원인들의 고충도 항상 귀담아 듣는 사람이었다.

나는 그런 면에서 장만채 교육감이 참으로 훌륭한 지도자상을 지닌 사람이라고 생각한다.

그는 경영 면에서도 탁월한 리더십과 과감한 개혁의지를 실천하기도 했다. 그 결과 2010년에 '대한민국 경영혁신 대상'을 받았다. 당시 교육과학기술부가 전국 44개 국립대학 중 우수 대학을 선발했는데, 순천대학교가 서울대학교와 함께 세계 수준의 연구중심대학으로 선정되어서 대상을 수상하였고, 그와 함께 정부로부터 약 5년간 140억 원 정도를 지원받았다 한다. 이뿐만 아니라 2019년 11월에는 '2019 자랑스런 세계인 대상'을 수상하여 전국적으로 주목받는 인물이 되기도 했다. 이 상은 지역문화발전 사회공헌 수상자로 선정되어 받은 것인데, 우리나라 역대 수상자로는 문재인 대통령을 비롯하여 정세균 전 국회의장, 반기문 전 UN사무총장, 주한대사와 다수의 국회의원과 저명인사들이 있다.

이렇듯 내가 겪어온 장만채 전 교육감은 개혁적이고 결단력이 강하고 뚝심 있는 사람이지만, 자신의 내면에 흐르는 그의 사상과 철학은 '나눔과 베풂의 삶'에 있다고 생각한다.

장만채 전 교육감의 출판을 진심으로 축하하며, 그의 앞날에 더 큰 영광과 축복이 가득하길 기원한다.

## 차 례

## 1부   나의 삶 이야기

## 2부 내가 본 장만채

--------------------------------------------------

# 4부 언론에서 본 장만채

"나는 어린 시절 아버지로부터
정직과 신의에 대한 가르침을 받아왔고,
어머니로부터 베풂과 나눔의 삶을 배워왔다.
이것이 나의 철학이고 나의 사상이다."

# 나의 삶
# 이야기

손자와 함께

# 나는 '순천의 달'을
# 노래하고 싶다

　나는 요즘 가수 송가인의 '서울의 달'이라는 노래를 종종 듣는다.
'서울살이 타향살이 고달픈 날에'로 시작되는 첫 소절부터 마음 울컥
이고 '울 엄마가 생각이 난다'라는 대목에 이르면 눈물이 주르륵 난
다. 예전에는 무슨 노래를 들어도 그런 감정이 들지 않았는데 요새
는 부쩍 '엄마, 어머니, 아버지'란 단어를 들으면 가슴이 싸하면서 명
치 아래에서부터 알 수 없는 슬픔이 올라온다. 특히 '엄마'라는 단어
가 나올 때는 한없이 눈물이 난다. 이럴 때 아내가 방안에 들어오면
눈물을 들키지 않으려고 짐짓 아무 일도 없었던 것처럼 얼른 눈가를
훔치고 태연한 척하지만 아내는 이미 눈치를 채고 있는 것 같다. 하
긴 그동안 같이 살아왔던 세월이 얼마던가? 모르는 체 해주는 아내

가 고맙다.

그 노래의 가사처럼 지금도 옛날에도 많은 사람들이 서울로 가서 가족을 위해 또한 자신을 위해 모진 고생을 했었다. 나도 역시 젊은 시절 다른 청년들처럼 푸른 꿈을 안고 서울로 진학을 했다. 유신시대 말미에 대학을 다니면서 시국사건으로 쫓기던 친구들을 하숙집 이불속에 숨겨주고 저녁 내내 망을 보던 기억이 난다. 집에서는 생활비의 절반을 내 학비로 보내고 나머지 절반으로 살아야 했으니 부모님도 동생도 어려움이 참 많았을 것이다. 방학으로 집에 내려왔을 때 어머니께서 해주시던 된장찌개와 김치찌개의 맛은 서울에서는 결코 경험하지 못한 맛이었다. 그래서인지 지금도 난 김치찌개와 된장찌개가 참 좋다.

대학과 대학원을 졸업하고 박사학위를 취득한 나는 1985년에 순천대학교 화학과 조교수로 부임했다. 학교 다닐 때는 순천이라는 도시에 큰 관심을 두지 않았었다. 고등학교 1학년 때 내 짝꿍 녀석이 순천에서 다리 수술을 하러 간다고 해서 그때 처음으로 순천이라는 도시에 관심을 가졌던 것 같다. 짝꿍 녀석은 자기가 순천 박 씨라고 무척 자랑했던 기억이 난다. 난 주변 친구들 중에 박 씨 성을 가졌던 녀석들이 대부분 밀양 박 씨여서 박 씨라면 거의 대부분 밀양 박 씨라고 알고 있었는데, 내 짝꿍이 순천 박 씨라고 해서 무척 신기해했던 기억이 있다. 모든 사람들이 다 그렇듯이 첫 부임지라는 게 얼마나 의미 있고 설레게 다가오는지 부임 전날 밤에는 긴장과 흥분 속에서 잠을 설쳤다. 그때는 내가 교수로서 근무하게 될 '순천대학교'가 나의 첫 부임지이자 마지막 부임지일 줄은 결코 알지 못했었다.

　순천에서 생활하면서 난 '팔마(八馬)'라는 단어가 유난히 많다는 사실을 알고 순천이라는 도시의 유래에 대해 알아보았다. 순천(順天)은 말 그대로 하늘의 순리를 따르는 고장이라는 뜻이고, 그곳에 사는 사람들은 하늘과 같은 보편적인 도리에 사는 선량한 사람이라는 의미였다. 들이 넓고 바다를 접하고 있어 산물이 풍성하여 의식주에 족함이 없다 보니 중앙에서 내려오는 관리들에게는 수탈의 표적이 되었을 것이다. 오죽했으면 관리가 근무를 마치고 서울로 돌아갈 때 지금의 자동차에 해당되는 말을 일곱 필씩이나 바쳤을까? 고려 충렬왕 때 최석 부사가 일곱 마리의 말을 선물 받아서 서울로 가는 도중 한 마리가 새끼를 낳아 여덟 마리가 되었으나 청렴결백한 그는 여덟 마리의 말을 다시 순천으로 보냈고, 그의 뜻을 기리기 위해 여덟 마리의 말이라는 팔마비가 세워졌다는 사실을 알았다.

　나는 팔마비가 기쁨과 자랑의 상징보다는 그 옛날 순천 백성들이 고을 수령에게 말을 바치기 위해 겪었을 고통을 상징하고, 또한 수탈을 일삼는 관리에게는 청렴한 관리가 되라는 경고등이었을 거라고 생각한다.

　나는 순천을 알아갈수록 순천이 얼마나 살기 좋은 도시이며, 아름다운 도시인지 몸소 깨닫게 되었다. 그리고 이내 순천 사랑에 빠져들었다. 그래서 나는 시간이 날 때마다 선암사, 송광사를 비롯한 명소들을 찾아다녔고, 순천의 젖줄인 옥천과 동천을 거닐기도 했으며, 순천만 갈대숲에 이르기까지 틈틈이 찾아다녔다. 이러한 순천에서 35년의 세월을 살아온 것도 어찌 보면 내 인생 최고의 행운이라고 생각한다.

순천은 생태가 살아있는 친환경 도시이며, 산자 수려하고 인심이 후한 도시이고, 순천이 낳은 가수 김경진의 노래처럼 아름다운 순천만이 있다. 시내에서 운전을 하다 보면 확실하게 다른 지방과는 다르게 차분하고 양보정신도 더 강한 것 같다. 뿐만 아니라 전국 어디에 내놓아도 손색없는 문화예술의 도시이고 교육의 도시이다. 그리고 먹거리도 지역 특산물에서부터 없는 게 없을 정도로 풍부하다. 그래서 순천 한정식 집에서 산해진미의 밥상을 받아 본 사람이면, 그 맛을 잊지 못하고 다시 찾는다 한다.

살기 좋은 도시 여건은 쾌적한 자연환경, 도시의 고유 매력과 특성, 적정한 인구 거주, 정치적 안정성과 사회적 안정성, 각종 분야의 편의시설 등의 지표를 기준하고 있지만, 나의 관점은 지역 생산성과 시민들의 소득을 높여야 한다는 경제적인 측면에 주안점을 두고 있다.

나는 순천대학교 총장시절에 순천시의 발전과 순천대학교의 미래에 대해서 여러 모로 고민했다. '우리 순천시는 정주 여건이 뛰어난 도시인데, 청년들의 일자리가 없어서 큰일이다.' '우리 청년들에게 안정된 직장이 있어야만 그들이 이 지역에 살면서 결혼을 할 수 있고, 결혼을 해야만 애들도 낳고 행복한 삶을 꾸려가지 않겠는가? 그래야 순천시가 젊은 도시가 되고, 삶의 질이 높은 도시가 되지 않겠는가?'

그래서 생각한 것이 순천공대의 이전이었다. 순천공대를 이전해서 노벨상 수상자와 세계적인 석학들을 영입하여 지방의 인재를 대학에서 대학원까지 교육하여 배출하면, 그들이 우리 지역 가까이에 있는 광양제철 입사에서부터 스타트업 기업까지 충분히 만들 수 있을 거라 생각하고 추진했다. 더 이상 서울을 비롯한 수도권을 바라보지 않고서도 부족함 없이 생활할 수 있는 그런 도시로 만들고 싶었다. 그리하여 미래는 순천시를 중국의 선전시나 미국의 실리콘밸리처럼 첨단산업을 이끌어가는 도시로 만들고 싶었다. 비록 여러 가지 여건으로 실행해 옮기지는 못했지만 지금도 그 일이 이루어지지 못한 것이 못내 아쉽다.

2006년 내가 총장선거에 당선되고 취임식을 앞두고 있었는데, 그 당시 나와 뜻이 잘 맞는 교직원 한 분이 전화를 주셨다.

"총장님! 지금 제 친구인 순천시 의장과 차 한 잔 하고 있는데, 혹시 시간 나시면 이쪽으로 오셔서 같이 차 한 잔 하시면 어떻겠습니까? 두 분이 성격도 비슷하고 생각도 공통점이 많아서 좋은 자리가 될 것 같습니다."

그 분은 평소 내가 신뢰하고 존경했던 분이어서, 나는 곧바로 그 장소로 달려갔다. 그때 내가 첫 대면한 사람이 바로 박동수 의장님이다. 그 분을 맨 처음 만났을 때 내게 이런 질문을 했다.

"총장님! 우리 순천에서 가장 소중한 보물이 무엇인지 아십니까?"

"글쎄요, 미처 생각해보지 못했습니다."

"총장님! 우리 순천시 최고의 보물은 순천대학교입니다. 왜냐하면 순천대학교가 우리 순천의 위상을 이만큼 올려놨고, 지역경제에서도 엄청난 성장을 일으켜왔기 때문입니다."

박 의장님과의 대화에는 순천시 발전과 순천대학교 발전에 대한 유익한 부분이 많아서 그 뒤로도 여러 차례 만나게 되었고 스스럼없이 가까워지기도 했다. 또한 매사에 허심탄회한 그분에게서 강한 애향심을 느끼기도 했다. 속된 말로 어찌 보면 나와 코드가 잘 맞는 사람이었다.

박 의장님은 순천시 상가중심권에서 태어났고 지금까지도 중앙동에서 살고 있기 때문에 격동기 시대부터 지금에 이르기까지 순천의 변천사를 누구보다도 잘 알고 있어서 순천대학교의 소중함을 얘기한다고 했다. 그날 박 의장님과의 만남은 참으로 유익한 시간이었고, 나의 개혁적인 생각에도 많은 공감대가 있어서 좋았다.

2010년 내가 교육감이 되었을 때 그분은 도의원이 되어서 전남도에서 다시 만나는 인연이 되었다. 나는 교육감 재임기간 동안 말없이 묵묵히 지켜봐주는 그분을 대할 때마다 왠지 집안의 형을 대하듯 든든함을 느꼈다. 그러던 중 어느 날 이런 얘기를 한 적이 있었다.

"교육감님! 교육감님의 고향이 순천이란 걸 잊으면 안 됩니다. 팔이 안으로 굽는다는 말 잘 아시겠죠. 순천 예산에 신경 써 달라는 얘깁니다."

"네, 잘 알겠습니다."

그런 후 나의 교육감 임기 8년이 다 끝나도록 박 의장님과의 사적인 대화는 없었지만, 나는 그 뒤로도 '당신의 고향이 순천이란 걸 잊지 말라.'는 묵시적인 압력(?) 같은 말이 자주 떠올랐다.

나는 전라남도 교육감으로서 업무수행에서만큼은 어느 누구보다도 철저히 해왔다고 자부한다. 그리고 전남교육 발전을 위하고 인재 육성을 위한 나의 철학은 항상 공정한 기회 균등에 있었고, 사랑과 평등을 실천하는 나의 신념에 있었다. 그러면서도 마음 한 편에는 항상 순천대학교가 자리하고 있었다. 왜냐하면 순천대학교는 순천시의 보물이기 때문이다.

나는 교육감 임기를 마치고 항상 생각했던 나의 철학을 실천하고 싶었다. 현재 사람에서 재화까지 모든 게 다 서울로, 수도권으로 집중되다 보니 오늘날 수도권이 비정상적으로 비대해졌고, 지방은 '지방소멸'이라는 말이 나올 만큼 큰 위기에 봉착해 있다. 나는 더 이상 서울에 의존하지 않고도 지방에서 서울 못지않은 삶의 터를 마련하는 일을 하고 싶다. 그 터로 나는 나의 자식들의 고향이며, 지역 젊은이들과 함께 많은 시간을 웃고 울며 보냈던 순천을 택했다. 이제 '서울의 달'이 아니라 순천 사람들이 '순천의 달'을 노래하게 하고 싶다. 더 이상 '서울살이 타향살이 고달픈 날에 울 엄마가 생각나지 않도록, 겁도 없이 떠나온 머나먼 길에 내 고향 순천이 눈에 밟히지 않도록' 하고 싶다. 그리하여 우리 순천을 서울 못지않게 발전시켜 순천시민들과 함께 '순천의 달' 그리고 '순천만'을 목청껏 함께 부르고 싶다.

# 내 고향
# 원목마을

　사람들은 흔히 말하기를, 고향이 어디냐고 물을 때 자신의 출생지나 어린 시절에 성장했던 지역을 고향이라 한다. 또한 오랫동안 살아온 지역을 고향이라고도 한다. 내가 태어나고 성장했던 나의 고향은 영암군 도포면 원목마을이고, 내가 가장 오랫동안 살아온 순천시는 나의 두 번째 고향이다.

　오래 전 고향에 들러 영산강변의 기름진 들녘을 안고 눈앞에 펼쳐지는 월출산의 아름다운 풍광을 바라보기도 하고 평화로운 고향 마을의 옛 추억들을 떠올리기도 했다. 마을 앞 공터에 다 달았을 때 마을 어르신 한 분이 금세 나를 알아보고 반갑게 맞아주셨다.

　"장만채 총장 아닌가? 그래! 자네 덕분에 우리들 어깨가 으쓱해졌다네. 대학교 총장이 나온 마을이니 우리들이 얼마나 자랑스러운지 모르겠네."

"네, 어르신! 감사합니다. 열심히 하겠습니다."

어르신의 칭찬에 고개 숙여 화답하자 그 분은 다시 한 말씀하셨다.

"그러나 저러나 우리 마을도 걱정이네. 어린 아이들이나 젊은이들이 없으니…. 고샅에 아이들이 뛰놀고 해야 마을에 김이 펄펄 나는 건데 말일세."

마을 어르신의 말씀을 들으면서 주위를 둘러보니 정말 사방이 고즈넉한 정감만 느껴질 뿐이었다. 과거 어린 시절에, 마을 앞 공터는 해뜨기가 바쁘게 이 집 저 집에서 쏟아져 나온 동네 아이들로 북적거렸고, 주인 따라 나온 강아지도 촐랑거리며 함께 놀았던 추억의 공터였다.

"다행히 아직 우리 도포초등학교는 폐교시킨다는 말은 없지만 이러다간 언제 없어질지 모르겠네. 큰일일세, 큰일!"

어르신은 푸념 속에 혀를 끌끌 차더니, 무슨 좋은 수라도 생긴 듯이 내 앞으로 다시금 한걸음 다가서며 물었다.

"자네는 대학교 총장이니까…그래 어떻게 좋은 수가 없겠는가? 사람들이 농사, 농사하지만 그래도 그 중에서 자식 농사가 제일 아닌가? 자네처럼 훌륭한 사람이 나오려면 학교가 교육을 잘해야 하고 학교는 아이들이 있어야 할 거 아닌가? 무슨 좋은 수가 없겠는가?"

학교에서 아이들이 사라져가고 학교가 죽어간다고 한다. 특히 우리 전남은 해마다 소규모 학교 통폐합으로 인해 수십여 학교가 그 이름이 역사 속으로 사라져가고 있다. 그러다보니 2010년에만도 교사가 730여 명 줄었고, 2011년에는 800여 명의 교사가 교단을 떠나야 하는 실정이었다. 말씀을 마치고 저만치 걸어가는 어르신의 뒷모습에 구부정한 허리가 세월의 흔적을 보여주는 듯했다. 나는 천천히 고샅길을 걸어서 고향집으로 향했다.

'만채야 놀자' 하는 소리가 귓가에 들리는 것 같았다.

금세라도 어릴 적 깨복쟁이 친구들이 사립문을 밀치고 고샅길로 튀쳐 나올 것만 같았다.

한참 동안 집까지 가는 길목마다 누구 한 사람 인기척도 없었다. 이제는 아이들의 왁자지껄 떠들고 뛰어노는 소리 대신 어르신들의 탄식 섞인 한숨 소리만 흘러나오는 고향땅이 있을 뿐이었다.

내 고향 원목마을이 잃어버린 것이 과연 초등학교 건물뿐일까?

아이들을 잃은 내 고향은 미래와 꿈도 상실한 것이 아닌가?

동네 어르신들이 나에게 좋은 해결책을 구하고 있는데 과연 나는 어떻게 해야 할 것인가?

고향집으로 향하는 나의 설레임은 시대적 사명과 사회적 책무라는 무거운 수레바퀴에 뒤범벅되어 무거운 발걸음만 옮기고 있었다.

# 나의 철학
# 나의 소신

남쪽의 금강산이라고 일컫는 빼어나게 아름다운 산, 월출산과 원항동산으로 아늑하게 둘러싸인 내 고향 원목마을은 언제 찾아봐도 어머니 품속같이 포근하고 정겹다. 언제나 그러했듯이, 나는 고향집에 들릴 때면 마을 어르신들께 인사를 드린 후 조부모님의 묘소가 있는 선산을 찾아뵌다. 할아버지, 할머니 묘소 앞에 차례차례 절을 올리고 난 후 깊은 상념에 잠기곤 한다. 어린 시절부터 지금까지 살아온 내 인생의 족적을 반추해보기도 하고, 미래에 대한 나의 열정을 확인해보기도 한다.

한동안 눈을 감고 주마등처럼 스쳐가는 많은 일들을 생각하면서 자문자답도 해본다.

'조상님들 덕분에 그동안 공직생활을 해오면서 별다른 대과없이 지냈습니다. 하지만 이제는 뭔가 결단을 내려야겠습니다. 할 수 있다는 의지, 도전에 대한 용기도 충만합니다. 하지만 세상일을 혼자서는 할 수 없습니다. 제가 그만한 그릇이 되겠습니까?'

대체로 우리나라 사람들은 자신의 인생에 어떤 중요한 결단을 내릴 때면, 조상의 묘를 찾는다고 한다. 나 역시 힘과 용기를 충전하고 조상들로부터 위안을 받고 싶었기에 성묘하는 게 아닌가?

나는 학창시절부터 내 인생을 교직의 길로 선택했고, 대한민국 최고의 교사가 되고 싶었다. 훌륭한 인물이 될 수 있는 제자들을 육성해야겠다는 일념이 나의 꿈이고 나의 소망이었다. 이러한 나의 꿈을 이루기 위해 나의 학창시절은 오직 공부와의 전쟁뿐이었다.

어린 시절부터 놀기 좋아하고 잡기에 능한 기질 때문에, 내가 공부에 전념한다는 것은 여간 힘든 일이 아니었지만, 나는 나의 꿈과 목표를 달성하기 위해 전력질주하는 생을 살아왔다.

그 결과 나는 광주일고를 거쳐 서울대학교 화학과를 졸업하고 카이스트에서 그 당시 최연소 박사학위를 받았다. 그리고 순천대학교 공대 조교수로 임용되었는데, 그때 1985년 내 나이가 27세였다. 그 후 교수생활 21년 만인 2006년에 순천대학교 총장이 되었다. 내 나이 48세로 최연소 국공립대학 총장이 된 것이다. 그로 인해 학계로부터 많은 주목을 받기도 했다. 여기까지 살아온 내 인생은 그런대로 나의 추구와 목표를 달성한 셈이었다.

교육이란 무엇인가? 항상 내 머릿속을 떠나지 않는 논제이다. 이러한 논제가 떠오를 때마다, 나는 스스로 자문자답하기도 하고 끝없이 연구와 고찰의 시간을 보내곤 했다.

교육은 바로 미래를 대비하는 일이다. 그렇기에 그 미래에 대한 확고한 소신과 철학, 지도력과 비전이 있어야 하고 이룰 수 있다는 자신감이 있어야 한다.

더불어 중요한 것은 교직사회도 하나의 조직인 만큼 조직원의 합심과 결의가 무엇보다도 필요하다. 결국 교육은 한두 사람의 힘으로 어떤 결과를 끌어내기가 쉽지 않다는 결론이다.

또한 무엇보다도 과정이 중요한 게 교육이기에 구성원들의 소통과 연대가 관건이 되기도 한다.

교육은 흐르는 물처럼 부드럽고 끊임없어야 한다. 철학과 비전, 조직사회의 안정을 추구하면서 가치관이 흔들려서도 안 되고 경직되어서도 안 된다. 최선의 목표를 세워 추구하되 반드시 차선을 마련하여 대비하고 자칫 일을 그르치지 않도록 차악과 최악을 방지하는 장치도 준비해야 한다. 이러한 생각들이 인재를 육성하고자 하는 나의 철학이고 나의 소신이다.

묻건대 지금 우리나라 교육을 지도하는 교육부에 어떠한 교육목표가 있는가? 과연 교육은 누구를 위해 존재하는가? 때론 우리나라 교육현실이 정치논리와 경제논리에 휘둘려 우왕좌왕하며 각종 현안들을 더욱 더 꼬이게 하고 있지는 않나(?) 하는 의구심마저 들 때가 많다. 한마디로 철학과 비전의 부재라고 단정 짓고 싶다.

'그렇다. 누군가는 나서야 한다. 전남의 미래, 지역교육을 위해서 사명을 같이 할 사람들이 많지 않는가? 그들과 함께 척박한 전남의 미래를 위해 꽃피우고 열매를 맺어보자. 전남교육의 새로운 변혁, 모두가 꿈꾸는 미래 비전을 만들어보자.'

나는 수차례 조상묘 앞에서 내 인생의 희로애락을 되새기면서 나의 소신과 나의 미래를 마음속 깊이 다짐해보곤 했다. 조상묘 앞에 흐르는 기운들이 향기롭게 내 몸을 감싸는 듯했다. 어릴 적 스승님께 맞은 회초리, 아버지께서 물려주신 청빈과 정직, 어머니께서 실천의 삶으로 보여주신 하늘 같은 사랑과 은혜가 따뜻한 손길이 되어 모두 무덤가에 감미롭게 흐르는 것 같았다. 이런 교육들이 나를 한 사람의 지식인으로 성장시키기 이전에 내 삶과 내 영혼을 깨우쳐주셨던 참된 인간교육이 아니겠는가?

# 나의 아버지

"내가 젊은 시절에 교사 월급만 가지고는 우리 식구들이 살아가기에 무척 힘들었다. 그래서 일과가 끝나면 산으로 나무를 하러 가기도 했다. 어느 날인가 네 엄마랑 뒷산으로 나무를 하러 갔다. 그런데 그곳에 굴이 하나 있더구나. 호기심에 굴속으로 들어가 보니 고약한 냄새가 나더구나. 그때 갑자기 무서움증이 들어서 굴에서 나와 바삐 산을 내려왔다. 나중에 마을사람들에게 그 말을 했더니 그 굴이 호랑이 굴이라고 하더구나."

언젠가 아버지께서 지난 시절의 고생담을 회고하시면서 하던 말씀이었다. 우리나라는 현재 세계적으로 잘사는 강대국이지만, 과거 일제강점기와 6·25전쟁을 겪으면서 폐허가 된 땅에서 외국의 원조에 의존하며 나라 살림을 꾸릴 때가 있었기에, 50년대 60년대에 우리 국민의 생활상은 무척 비참할 수밖에 없었다. 그래도 나는 그 시대에 교사의 자식으로 태어난 것이 큰 복을 타고난 것인데, 아버지의 회고담은 나에게 또 다른 깨우침을 주시는 것 같았다.

아버지는 평생을 교직에 계시면서 헌신하신 분이다. 승진의 기회도 여러 번 있었겠지만 묵묵히 평교사로 정년을 하셨다. 언젠가는 이런 말씀도 하셨다.

"나주에서 근무할 때다. 하루는 장학사가 와서 교장하고 싶으면 섬에서 근무하고 오라고 그러더구나. 그런데 곰곰이 생각해보니 너희들이 중학교, 고등학교 다닐 때라 뒷바라지를 해야 하는 가장 소중한 시기인데 내가 집을 비우면 안 되겠다는 생각이 들더구나. 그래서 승진기회를 포기하고 말았다."

나는 학창시절에 교장 승진을 못하고 평교사로 근무하고 계시는 아버지를 때론 창피하게 생각한 적도 있었다. 하지만 아버지의 말씀을 듣고 난 후 내 자신이 부끄럽게 느껴지면서 뭔가 망치로 얻어맞는 듯 큰 깨달음을 느꼈다.

'아버지! 정말 고맙습니다. 자신의 명예도 생각지 않고 오직 자식들의 앞날을 위해 희생하신지 몰랐습니다. 그 은혜로 저희들이 오늘날까지 잘 성장했습니다.'

나는 진정어린 마음으로 아버지 앞에 엎드렸다. 그 말씀을 들은 이후로는 아버지에 대해서 존경하는 마음만 있을 뿐 조금도 부끄럽게 생각지 않았다. 오히려 자랑스럽고 고맙기만 했다. 오늘의 나를 있게 하신 분이 내 아버지이기 때문이다.

내가 48세의 젊은 나이로 순천대학교 총장에 당선되었을 때다.

"만채야! 오직 명예만 생각하는 사람이 되어야 한다. 돈에 대한 욕심을 절대 가져서는 안 된다. 돈은 사람의 신망을 잃게 한다. 국가에서 주는 월급 외에는 아예 손도 대어선 안 된다."

총장 당선 후 기쁨에 들떠있는 나에게 아버님께서 하신 첫 당부 말씀이었다. 아들이 대학교 총장이 됐다는데 축하의 말씀은커녕 돈 욕심 내지 마라 하시니….

어찌 보면 참으로 싱겁기 짝이 없는 당부말씀이었다.

그러나 돌이켜보면 아버지의 일생에서 돈에 대한 애환과 빈곤의 세월 속에서 지켜온 당신의 철학을 말씀하시는 거라 생각되었고, 지금까지도 아버지의 당부말씀을 잊지 않고 살아왔다.

교사 월급만으로는 가족들의 생활비가 부족해 어머니와 함께 산으로 나무를 하러 다니셨다는 말씀이 다시금 떠올랐다. 주위에 승진하는 사람들을 보면서 아버지라고 왜 승진에 대한 열망이 없었을까? 자식들을 키우기 위해서라고 하지만, 그 저변에는 경제적인 이유가 가장 크게 작용했음이 분명하다. 그 시대 돈으로 좌지우지되는 세상을 보며 한탄도 하고 실망도 많았으리라는 생각이 들었다.

흔히들 이 세상 돈이면 다 된다고 말하지 않는가? 황금만능, 물질만능의 풍조가 이 사회를 얼마나 혼탁하게 만들고 굴절되게 한다는 걸 모른다면 바보 아닌가?

내가 대학생 시절에 공부에 전념하고 싶어서 아르바이트를 그만 둔 적이 있었다.

"너희들 뒷바라지 하다 보니 빚을 120만 원이나 졌구나."

그 당시에는 큰돈을 빚지며 자식들의 뒷바라지에 혼신의 힘을 쏟으신 아버지의 모습을 기억하기에 '돈에 욕심을 가져서는 안 된다'는 아버지의 말씀은 나에게 그 어떤 교훈보다도 값진 삶의 철학이요, 좌우명이다.

# 어머니의
# 은덕

2002년 10월 12일의 일이다. 아마도 어머니께서 새벽 3~4시쯤 일어나셨나 보다. 이른 새벽밥을 지으러 나가셨는데, 부엌에서 아무런 인기척이 없었다. 어떤 예감이 일었는지 아버지가 우리를 깨웠다.

"네 어머니 좀 찾아봐라."

다급한 아버지의 말씀에 집 안 여기저기를 찾았는데, 어머니는 세탁실에 쓰러져 계셨다. 급하게 응급처치를 한 후 조대 병원으로 모시고 갔다가 다시 전대 병원으로 옮겼다. 하지만 전대 병원에서도 수술을 못할 정도의 상태라며 의사가 고개를 가로저었다. 그때 우리 가족은 하늘이 무너지는 막막한 심정으로 갈피를 잡지 못하고 있었다.

그때 나는 사태의 심각성을 직감하고 아버지께 여쭈었다.

"아버님! 이런 말씀 올리기 뭐합니다만, 어머니께서 운명하시면 장기를 기증하기로 하지요. 그게 평생 남을 돕는 일, 선행을 베풀며 살아온 어머니의 뜻이라 여겨집니다."

"그래, 나도 찬성한다."

아버지는 흐르는 눈물을 애써 감추시며 흔쾌히 동조해주셨다.

그렇게 우리 가족은 어머니의 장기를 기증하기로 하고 비통한 심정으로 응급실에서 운명만을 기다리고 있었다.

하지만 물에 빠진 사람이 지푸라기라도 잡는다고, 나는 문득 화순병원의 의학 과장이던 친구(범희승)가 생각나서 전화를 걸었다. 떨리는 목소리로 친구에게 어머니의 상태를 알리며 도움을 요청했다.

"친구인가? 어머니가 쓰러지셨네."

"어떤 상태인가?"

"아주 심각한 상태네"

"그래, 내 금방 감세."

연락을 받은 친구가 급히 달려오고, 여러 검사를 마친 뒤 최후 수단으로 어머니의 수술이 결정되었다. 마침내 어머니는 수술실로 옮겨져 긴 시간 수술에 들어갔다. 그렇게 수술을 무사히 마쳤으나 어머니는 여전히 의식불명 상태였다. 그리고 수술 뒤에도 25일 동안 중환자실에서 식물인간 상태로 계셔야 했다.

"의식이 없어도 가만있으면 환자에게 해롭습니다. 운동을 해야 합니다."

주변 사람들이 의식불명 상태지만 운동을 해야 한다고 권했다. 그 말이 일리가 있다는 생각에 누워 있을 수 있는 휠체어를 구입하고 어머니를 일반병실로 옮겼다.

"많이 사시면 3개월입니다."

담당 의사는 그렇게 말했지만 그 말에는 아랑곳없이 어머니의 휠체어를 끌고 병원복도를 운동장 삼아 틈나는 대로 운동을 시켜 드렸다. 어머니는 듣지도, 보지도, 말하지도 못하셨지만 우리 가족은 어머니가 살아 계신다는 신념으로 절대 포기하지 않았다.

"어머니, 이렇게 운동하니까 좋으시지요?"

그렇게 어머니한테 말을 전하기도 하면서 규칙적으로 운동을 이어 갔다.

지성이면 감천이라고 하늘이 움직였음이 분명했다.

3개월을 못 넘긴다고 했던 어머니께서 마침내 65일 만에 의식이 돌아온 것이다.

눈을 뜨고 날 보시더니 이렇게 말씀하시는 것이 아닌가?

"아들!"

나는 너무나 놀랍고 반갑고 기쁜 마음에 되물었다.

"몇째 아들?"

"첫째 아들!"

"감사합니다. 감사합니다."

어머니께서는 조금 어눌하지만 또렷한 목소리로 대답을 하셨다.

우리 가족들은 말 그대로 죽은 사람이 살아온 것처럼 기쁨에 들떠

한없이 눈물을 흘렸다. 나는 어머니의 두 손을 붙잡고 감사의 기도를 올렸다. 뇌출혈로 쓰러지셨던 어머니는 그렇게 기적적으로 의식을 되찾아 동신대 한방병원으로 옮겨 한 달여를 더 보내고 마침내 퇴원을 하셨다.

퇴원 후 집에서 투병하시던 어머니께서는 화장실에 가셨다가 다시 쓰러지셨다. 어머니의 뇌출혈의 원인은 고혈압에서 온 것으로 뇌의 큰 동맥이 끊어진 상태라고 했다.

매우 위험한 상태였으나 어머니는 다섯 번에 이르는 수술을 잘 이겨 내셨다. 어머니의 강한 의지가 있었기에 쾌차하여 다시 집으로 돌아오실 수 있었다.

그러나 안타깝게도 뇌출혈의 후유증으로 인해 현재의 상황을 전혀 인식하지 못하셨는데, 그래도 불행 중 다행으로 과거의 기억은 남아 있었다. 그러니까 어머니는 과거의 기억에 머물러 살고 계시는 것이다.

어머니는 젊은 시절부터 남을 돕는 걸 평생의 덕으로 여기고 살아오신 분이셨고, 당장에 내일 끼니를 때울 식량이 없어도 어려운 사람이 찾아오면 선뜻 쌀독의 쌀을 남김없이 퍼서 적선을 했다고 한다.

어렸을 적에 아버지께서 들려주신 어머니의 선행에 관한 얘기들이 지금도 내 머릿속에 생생하게 남아 있다.

"네 어머니가 말이다. 어느 날 집에 오니 네 모친은 밖에 나와 있고 안방에 이웃집 사람이 누워 있었다. 자초지종을 들으니 그 이웃집 사람이 강진에 가서 술을 많이 마시고 오다가 우리 집 앞에서 쓰러졌나 보더라. 그대로 놔두었다간 죽을 듯싶어 네 어머니께서 그 사람을 데려와서 안방에 뉘어 놨다는구나. 그래서 하는 수 없이 그날 우리는 그 사람에게 안방을 내주고 말았지 뭐냐?”

우리 집이 대처로 나가는 큰길가에 있었기 때문에 종종 그런 웃지 못할 일들이 있었다는 얘기였다.

“그렇게 네 어머니는 남을 돕는 걸 실천하며 살았다. 아, 그러다 보니 많지도 않았지만, 월급을 타다 주면 15일 정도 지나서 떨어지고 없다고 하더구나.”

한 번은 퇴근하여 집에 오자 어머니께서 청을 넣더라는 것이다.

“너무 비싼 물건이라 말하기 어려운데, 재봉틀을 한 대 사줄 수 있어요?”

당시에 재봉틀은 혼수 품목의 하나일 정도로 고가였고, 재봉틀이 있는 집은 부잣집 소릴 들을 정도였으니까. 그렇게 해서 들여온 재봉틀이 지금도 우리 집 가보로 남아 있는 어머니의 상징물이다.

어머니는 틈만 나면 부지런히 그 재봉틀을 돌리셨다. 손재주가 빼어난 어머니는 그렇게 재봉틀을 돌려 속옷도 만들고 버선이며 양말도 만들어 일가친척 마을사람은 물론 지나가는 길손에게까지 나눠주시길 좋아하셨다. 그렇게 어머니를 아는 사람치고 어머니가 만든 옷이나 버선 양말을 안 입어본 사람이 없다고 한다.

어머니께서 병원에 입원하고 계실 때다. 병으로 쓰러지셨다는 소문을 듣고 많은 사람들이 문병을 왔는데 그 중에는 낯선 사람들도 많았다.

"어머니께 매년 옷을 얻어 입고, 버선을 얻어 신은 것도 한두 번이 아니지요."

"쌀이며 김치를 떨어질 때마다 얻어다 먹으며 보릿고개를 넘기곤 했지요."

"우리 아들 납부금을 대신 내줬지요."

"우리 딸 입학금을 대신 내줬지요."

문병 온 낯선 사람들이 이구동성으로 어머니의 감춰진 옛 선행들을 얘기하였다. 15일 만에 아버지의 월급이 바닥난 사연들도 새삼스레 밝혀졌다.

# 어머니의
# 가르침과 사랑

옛집에 갈 때면 항상 어린 시절을 되살려주는 추억의 물건이 하나 있었는데 그게 바로 풍로였다.

아궁이에 땔감을 적당히 쌓고 아래쪽에 불씨를 일으킨 다음 그 풍로의 바람구멍을 땔감 가까이 아궁이 속으로 밀어 넣고 풍로의 손잡이를 돌리는 것이다. 그러면 손잡이와 연결된 바람개비가 돌아가면서 바람을 일으켜 불꽃을 활활 타오르게 하는데 그 풍로의 모양이 배불뚝이처럼 생겼다.

풍로의 손잡이를 돌리면 쉭쉭 바람이 일어난다. 그러면 꺼질 듯하다가도 활활 타오르는 불꽃을 보면서, 나는 호기심을 버리지 못했다. 그 당시 다섯 살 꼬마아이였던 나는 마치 신비한 마술사처럼 아궁이 앞에 앉아 풍로를 신나게 돌리곤 했다. 그럴 때면 바로 옆에서 어머니께서 쌀을 씻어 솥에 안치고 반찬을 만들고 저녁을 짓고 계셨다.

"엄마, 저 불꽃 좀 봐요. 풍로 돌리기 재미있어요."

"그래, 우리 아들 착하다. 어서 밥해서 먹자."

풍로를 돌리는 다섯 살짜리 아들을 바라보는 엄마의 눈길에는 사랑이 가득하고 아들의 손길도 신이 났다.

지금도 그 추억은 이 세상 그 어떤 아름다운 그림보다도 소중한 그림으로 나의 가슴 한켠에 남아 있다.

새벽밥을 지으러 나가셨다가 쓰러지신 나의 어머니! 그날 이후로 어머니는 생사의 갈림길을 수도 없이 넘나들었다. 이젠 조금 나아졌다곤 말하지만, 그래도 다른 사람의 도움을 받지 않고는 거동이 불편하시다. 어머니는 밥을 지으시고 나는 풍로를 신나게 돌리면서, 오손도손 얘기를 나누던 그 옛 추억이 더욱 그립기만 하다.


나의 핵심 좌우명 중 하나는 '사필귀정(事必歸正)'이다. 나는 어떠한 어려움이 올 때마다 '명분과 진실'을 좇으며 살아왔다. 이러한 인생관에 가장 큰 영향을 끼친 분이 바로 나의 어머니다.

'어머니처럼 다정하고 포근한 말이 세상 어디 또 있을까? 한없는 그리움의 대상이며 그 무엇과도 바꿀 수 없는 마음의 안식처요 고향이 바로 어머니 아니겠는가?'

초등학교 4학년 때쯤일까? 집에 가니 어머니가 아프신지 누워 계셨다. 혹여 어머니의 건강이 잘못되면 어쩌나 생각하다가, 어머니께

연뿌리를 캐다 드려야겠다고 생각하고 집에서 꽤 먼 거리에 있는 봉정저수지로 갔다. 봉정저수지는 연꽃방죽이었는데, 거기서 연뿌리를 캐는 일이 쉽지는 않았다. 그래도 나는 이를 악물고 저수지 바닥을 파헤쳐 연뿌리를 겨우 캐내어 어머니께 갖다 드린 적이 있었다. 이러한 나의 행동을 기특하다는 듯이, 어머니는 자애로운 표정으로 힘없이 웃으셨다.

그리고 내가 초등학교 6학년 때인가 광주로 전학을 해서 학교를 다닐 때다. 할아버지께서 운명하셨다는 비보를 듣고 고향마을에 내려갔다.

한창 보리타작을 할 때였는데, 어머니의 머리카락에는 보리 까끄라기며 먼지가 잔뜩 뒤엉켜 있었다. 할아버지의 운명도 슬펐지만, 어머니의 지친 모습이 나의 마음을 더욱 슬프게 했다.

'어머니! 제가 훌륭한 사람이 되어서 은혜에 보답할게요.'

이 생각만이 머릿속에 가득했을 뿐이었다.

언젠가 나의 두 눈에 눈물이 흐르게 했던 어머니의 일기장을 우연히 보게 되었는데, 첫 장에 다음과 같은 글이 쓰여 있었다.


인생의 가장 큰 행복 3가지

1. 탈 없이 부모형제를 모시고 살고 있는 것

2. 하늘 보고 부끄럼 없는 것

3. 어진 인재를 얻어 제자를 가르치는 것

맹자의 말씀으로 이 세 가지가 가장 큰 삶의 즐거움이라. 나의 생활과 같아 고마운 마음으로 살겠다.

어머니의 일기장 첫 장에 쓰인 글귀를 읽으면서, 내가 이렇게 살 수 있는 것도 바로 어머니의 가르침과 사랑이라는 걸 깨달았다.

어머니는 언제나 행실을 조심하라고 하셨다. 내가 뿌린 씨앗이 내게 오는 거라고 했다. 모든 일은 사필귀정이라고 하셨다. 그리고 매사에 떳떳하게 행동하라고 하셨다. 명분과 진실을 추구하면 그 어떤 어려움 앞에서도 당당해진다고 했다.

그러면서 당신은 가난 속에서도 언제나 남에게 베푸는 삶을 사셨다. 농사일을 하시면서도 틈틈이 재봉틀을 돌려서 양말, 속옷 등을 손수 만들어 고향에 가지고 가선 집집마다 선물로 나눠주길 좋아하셨다. 당장 내일 끓일 양식이 없어도 이웃에게 나눠주곤 했다. 그렇게 자신을 다스려 자식들의 귀감이 되고자 하셨다.

나는 토요일마다 어머니 집에 간다. 총장이 된 뒤로는 공무출장이 많아졌지만, 특별한 일이 없으면 열일을 제치고 부모님을 뵈러 간다. 방에 들어가면 어머니는 해맑은 미소로 나를 반긴다. 그러면서 손을 벌린다.

"네 어머니가 무얼 달라는가 보다."

아버지의 말씀에 나는 호주머니에서 돈을 꺼내 어머니의 손바닥에 올려놓는다.

"어머니! 이 돈 뭐 하실래요?"

"응, 나무도 사고."

"나무도 사고요? 또요?"

"응, 쌀도 팔란다."

어머니는 어린애처럼 어눌하지만 해맑은 표정으로 꿈꾸듯 말씀하신다.

"어머니, 그래요. 이 돈으로 나무도 사고 쌀도 팔아서 맛있게 밥해 먹어요. 이웃에게도 넉넉히 나눠주고요."

나의 말에 어머니는 고개를 끄덕이며 웃으신다.

'어머니! 빨리 쾌차하셔서 옛날처럼 밥도 지으시고… 오손도손 얘기 나누며 우리 그렇게 살아요.'

# 외할머니한테
# 받은 영향

내가 다섯 살 때에 아버지께서 능주중학교로 전근하시게 되면서 우리는 능주로 옮겼다. 나는 능주초등학교에 입학하여 2학년까지 다녔다.

그러다 다시 아버지의 직장을 따라 시종면의 신학초로 전학을 했고, 얼마 되지 않아 또 도포초로 옮겼다.

그뿐만이 아니다. 도포초 5학년 때는 광주로 전학을 했다. 처음에는 학강초로 갔다가 학구가 변경되는 바람에, 또다시 방림초로 옮겨 거기서 졸업을 했다. 잦은 전학이 가정형편 때문이었고, 광주로 옮길 때는 공부를 해야 한다는 목적도 있었지만, 나는 실로 5개 학교를 옮겨 다니고서야 초등학교를 마칠 수 있었다.

그래서 나의 초등학교의 추억은 어느 한군데 뚜렷하게 정을 붙이지 못한 전학생의 추억으로 얼룩져 있다. 친구들을 사귈 만하면 헤어졌기 때문에 초등학교 시절의 추억들은 어스름하게 안개처럼 떠오를 뿐이다.

광주로 전학을 와서는 방림동의 외숙댁에서 학교를 다녔는데, 이 외숙댁에서의 생활은 나의 인생관을 정립하는 데 있어서 큰 변화를 가져왔던 시기였다. 외할머니는 나를 무척이나 사랑하셨다. 외할머니는 독실한 불교신자였는데, 나는 외할머니가 외출하실 때마다 따라 다니는 걸 좋아했고, 외할머니께서도 그런 나를 예뻐하시며 곧잘 데리고 다니셨다.

그때 외할머니께서 다니시던 절은 광주 무등산의 증심사였다. 절에서는 할머니를 보살님이라고 호칭하면서 깍듯이 예우하는 것 같았다. 할머니를 따라서 절을 다니다 보니, 나 역시 자연스럽게 불교의 교리에 심취하게 되었다. 그러던 중에 내 마음속에 불교에 대한 큰 갈망이 일어나기도 했다.

어느 날 아버지를 찾아뵙고 대학 진학에 대한 나의 생각을 말씀드렸다.

"아버님! 저 동국대로 진학하고 싶습니다."

"뭐라고?"

아버지는 나의 말에 기절할 듯이 놀라셨다.

"불교학과에 진학해 불교를 깊이 공부하고 싶습니다."

"안 된다. 절대 안 된다. 하늘이 두 쪽 나도 그건 안 된다."

나의 생각을 아버지께서 들어주실 리 만무했다. 아버지는 단호히 거절하셨다. 나 역시 더 이상 내 뜻을 우길 수도 없었다.

'박봉에 시달리며 빚까지 지신 아버지의 초췌한 모습, 보리타작할 때면 보리 까끄라기가 달라붙은 헝클어진 머리카락을 수건으로 질끈 동여맨 어머니의 지친 모습이 다 누구 때문인가?'

순간적으로 스치는 생각들이 나의 어리석음을 일깨워주는 것 같았다. 부모님께서는 불교에 대한 공부 대신 세상이치를 깨우치는 평생 공부와 함께 사람을 키우는 숭고한 길을 선택하라고 말씀하셨다. 부모님께서 제시하신 길은 그 당시 내 뜻과는 달랐지만, 나눔과 베풂의 가르침은 다르지 않았다.

그래서 나는 순천대학교 총장시절과 전라남도 교육감시절을 지내면서도, 지금까지 부모님께 받은 깨우침들을 단 한 번도 망각하지 않고 살아왔다. 부모님으로부터 물려받은 정신적인 유산을 토대로 평생 배우며 익혔으니, 후학들에게 가르침을 주는 일 또한 나의 숙명이고 나의 사명이다.

# 공이 된
# 수박

　내가 가장 즐겨 먹는 음식은 김치찌개와 팥죽이다. 특별히 그 음식을 좋아하는 이유는 없지만, 굳이 이유를 대라면 맛있고, 값싸고, 여럿이 편하게 어울려서 먹을 수 있기 때문이다. 요즘같이 음식값이 올랐을 때도 다른 음식에 비해 저렴하기 때문에, 여러 사람에게 한 턱 쏜다 해도 큰 부담이 되지 않는다. 점심시간에 김치찌개 먹으러 가자면 우스개처럼 불만을 말하는 사람도 있었다.

　"총장님! 덕분에 목구멍의 때를 벗기려고 했는데 이게 뭡니까?"

　"요즈음 음식이 없어서 못 먹는 세상이 아니니까, 다이어트 한다 셈치고 드셔보세요."

　어릴 적부터 무엇을 먹고 싶어 하거나, 또 먹는 것에 욕심을 부리

지도 않았다. 옛말에 이 세상 가장 듣기 좋은 소리는 '자식 입에 들어가는 소리'라고 했으니, 어떤 부모가 자식들 잘 먹이고 싶지 않았을까만, 가난한 집안 형편 때문에 뭘 먹고 싶다는 생각 자체를 안 하고 살지 않았나 싶다. 그런 생각을 하다 슬그머니 웃음이 나오는 추억이 떠오를 때가 있다.

초등학교 5학년 무렵이었다.

지금은 사시사철 먹을 수 있는 게 수박이지만 그때만 해도 수박은 참으로 귀한 과일이었다.

"시골에 계신 할머니가 편찮으시다 하니 다녀오자."

아버지의 말씀에 내 마음은 부풀어 올랐다. 아무래도 시골에 가면 놀거리도 많고, 색다른 음식도 먹을 수 있지 않을까 하는 기대감 때문이었다. 아버지는 할머니 드린다고 귀한 수박을 한 덩이 사셨다. 그 무거운 수박을 깨지지 않게 조심조심 들고 원목마을에 도착했다. 할머니댁에는 저녁 무렵에 가기로 하고 먼저 우리 집으로 들어갔다. 그리고 밖에서 한참을 놀다 오니 아버지는 안 계시고 수박만 덩그러니 방 위쪽에 놓여 있는 게 아닌가?

난 갑자기 그 수박이 무척이나 먹고 싶었다. 침을 흘리며 한동안 궁리를 한 끝에 좋은 꾀가 떠올랐다.

그러고는 얼른 부엌에 가서 식칼을 가져와 조심스레 수박꼭지 부분을 도려냈다. 그런 다음 수저로 수박을 파먹기 시작했다. 수박은 입 안에서 녹는 듯이 너무나 달콤하고 맛있었다.

'조금만 먹어야지. 그래, 이번 한 숟갈만 더 먹자.'

나는 곳간을 들락거리는 생쥐처럼 들락날락거리며 유혹을 뿌리치지 못하고 한 숟갈 한 숟갈 수박을 파먹었다. 그러다 보니 어느새 수박은 텅 빈 공처럼 되고 말았다.

'이거 어쩌지?'

결국 나는 일을 저지르고 말았다. 겁이 덜컥 나기도 했지만 이미 엎질러진 물이었다. 나는 수박꼭지를 조심스레 텅 빈 수박 위에 다시 덮었다. 그러자 겉으로 보기에는 멀쩡했다.

"아니, 이게 뭐냐?"

밖에 외출하셨다가 돌아오신 아버지께서 할머니댁에 가자며 수박을 들어 올리다가 기겁을 하셨다. 수박은 힘없이 꼭지를 떨어뜨리며 방바닥을 데구루 굴렀다.

"네 짓이지?"

아버지는 금세 사태를 알아채고 날 쳐다보며 무섭게 화를 내셨다. 할머니 드릴 수박인데 그렇게 속을 다 파먹었으니 기가 막히셨던 것이다. 그날 아버지께 호되게 회초리를 맞았다.

지금 같으면 수박 좀 먹었다고 회초리를 때릴 부모가 있을까만, 당시만 해도 할머니께 드릴 귀한 수박을 먹은 탓에 회초릴 맞으면서도 아프다는 소리도 못했다. 그 이후로는 수박을 먹을 때마다 그때처럼 맛있다는 생각이 들지 않았다. 나 때문에 수박을 못 잡수신 할머니께는 한없이 미안하지만 말이다.

"할머니! 올여름에는 맛있는 수박 사가지고 갈게요."

그러면서 올여름에는 아들 손에 수박을 들려 할머니 산소에 다녀와야겠다는 생각을 한다.

# 나의 사춘기 가출 사건과
# 아버지의 체벌

　이유 없는 반항기라고 상징되는 사춘기는 누구에게나 소중한 인격형성의 시기라고 생각한다. 그 시기를 어떻게 보냈느냐에 따라 그 사람의 운명이 크게 달라질 수도 있기 때문이다.

　나의 인격형성에 가장 큰 영향을 준 분은 두말할 것 없이 부모님이지만, 사춘기 시절 나의 마음을 다스려준 분은 외할머니와 초등학교 때 광주에서 함께 살았던 외삼촌이다.

　돌이켜보면 그 두 분의 삶에서 나는 많은 가르침을 받아왔고, 내 인생의 목표도 그 분들의 삶을 거울삼아 설정할 정도였다.

　지금까지도 나의 실천적인 철학에는 그 두 분의 사상과 행동이 영향을 미치고 있다. 중학교 2학년 때 어느 날, 나는 엉뚱한 결심을 한

적이 있었다.

'가난한 우리 집! 무엇 하나 내 맘대로 할 수 없는 환경에서 공부를 열심히 한들 무슨 소용인가? 그래 돈을 벌자!'

나는 가난한 집안 형편에 절망감을 느끼면서, 어떻게든 돈을 벌어야겠다는 엉뚱한 결론을 내리고 가출을 결심했다. 일단 서울로 가서 돈을 벌어야겠다는 생각이었다. 돈을 버는 것이 급선무라는 생각으로 서울행을 생각한 것이다. 1967년과 1968년은 극심한 한해가 든 해였기에 농가들도 거의 논농사를 포기하고 정부에서 나눠주는 밀가루 배급을 받으며 끼니 걱정을 해야 했던 시기였다.

나는 무작정 집을 나와 터덜터덜 걸었다. 얼마만큼 걸었을까? 송정리역에서 바로 서울행 열차를 타려고 했는데, 막상 기차역에 도착해 호주머니를 털어 보니 기차표를 사기에는 돈이 턱없이 부족했다. 어떻게 할까? 한참 망설이다가 문득 노안에 사는 고모를 떠올렸다.

'그래. 고모 집에 가서 서울 갈 차비를 구하자.'

다시 지친 몸을 끌고 물어물어 노안 고모댁까지 찾아갔다. 날이 어둑해지고 종일 걸어서인지 몸은 지칠 대로 지쳤다.

"고모! 물 한 그릇만 주세요."

물 한 그릇을 벌컥벌컥 마신 뒤, 나는 그냥 쓰러져 깊은 잠에 떨어졌다.

"어쩐 일이냐?"

한숨 늘어지게 자고 나자, 고모가 근심 가득한 표정으로 날 쳐다보았다.

"고모! 나 서울에 가서 돈 벌래."

"뭐라고? 그러니까 너 지금 집을 나온 거냐?"

"그래, 서울 가면 돈을 벌 자신 있냐? 너 오라는 데가 있어?"

고모가 정색을 하고 물었지만, 고개만 끄덕일 뿐 더 이상 아무런 대답을 할 수 없었다.

"만채야! 그러지 말고 오늘은 늦었으니 여기서 자고 내일 집으로 가거라. 형편이 어렵지만 그럴수록 열심히 공부해서 훌륭한 사람이 되어야 한다."

고모는 따뜻하고 부드러운 말로 내 마음을 달래주었다.

"이 세상이 네 생각처럼 쉽게 돈을 벌 수 있는 곳이 아니란다. 공부도 때가 있고, 돈을 버는 것도 때가 있는 것이란다. 지금은 네가 열심히 공부해야 하는 때란다."

결국 나의 가출은 1박 2일로 끝을 맺었다.

만채가 행방불명이 되었다는 전화를 받고 영암에서 광주로 달려오신 아버지는 별 말씀을 하지 않으셨다. 그 당시 망연자실한 표정으로 말없이 바라보시는 아버지의 심정은 어떠했을까? 하는 생각이 내 머릿속에 오랫동안 맴돌았다.

어린 시절에 비록 엉뚱한 생각으로 가출했던 일이 있었지만, '지금 공부를 열심히 해야 나중에 돈도 많이 벌 수 있다'는 말을 오래도록 새기면서 나는 정말로 열심히 공부했다.

나는 가출사건 이후 열심히 공부한 덕분에 중학교 3학년 시절엔

선생님으로부터 곧잘 칭찬을 받는 모범생이 되었다.

'만채처럼 열심히 하는 학생이 되라'고 선생님은 여러 학우들 앞에서 칭찬하시기도 했다. 그렇게 열심히 공부한 덕분에 나는 이 지역 최고의 명문고로 알려진 광주제일고에 입학하였고, 장학생으로 학업을 계속할 수 있었다.

사춘기 시절 또 하나 잊을 수 없는 사건이 있다.

사람은 누구나 인생의 성숙기에 이성에 대한 갈등을 겪기도 하고, 누구에게나 한 번쯤은 분홍빛 사연 때문에 고민하기도 하는데, 그걸 사춘기의 열병이라고 해야 하나?

고교시절 나에게도 좋아하는 여학생이 있었다. 공부를 열심히 하던 중에도 불현듯 그 여학생의 모습이 떠오르기도 하고, 때론 나의 뇌리 속에 온통 그 여학생 생각으로 가득할 때가 많았다. 공부를 열심히 하는 것도, 앞으로 훌륭한 사람이 되겠다는 각오도 다 그 여학생의 마음을 얻기 위해 해야 하고, 그 사랑을 이루기 위해서라고 자신을 합리화할 정도로 그 여학생에게 빠져 있었으니까.

그 당시 일기를 열심히 썼는데, 두세 장 넘게 그 여학생에 대한 나의 심정고백으로 채우기도 했다.

'나만 홀로 짝사랑하는 걸까? 아니면 그 여학생도 나의 진심을 알고 나를 좋아하고 있는 걸까?'

어쩔 땐 꿈속에서도 그 여학생이 나타나 마음을 심란하게 흔들기도 했다. 그러던 중 나는 고 3이 되었다. 목표하는 대학을 가기 위해 수험생이라면 누구든 날밤을 새워도 공부시간이 부족했던 시기였다. 나 역시 한치의 흔들림 없이 공부하자고 마음속 각오를 단단히 새기면서 날마다 독서실에서 공부를 했다.

그러다가도 이따금씩 그 여학생이 떠오르면 마음이 흐트러지고 걷잡을 수 없이 평정심을 잃곤 했다.

어느 토요일 날 집에 가야 하는데 비가 내렸다.

'늦으면 집에서는 독서실 간 줄 알겠지.'

나 혼자 내심 그렇게 생각하고 그 여학생을 만나러 갔다.

그런데 그날 일이 공교롭게 되느라고 시골에서 올라오신 아버지께서 학교로 날 데리러 오신 것이다. 내가 우산이 없어서 독서실에도 못 가고 학교에서 공부하고 있을 거라고 생각하신 것이다.

"만채! 어디 갔냐?"

"독서실에 갔는데요."

친구들의 말에 아버지는 이번에는 독서실로 가보았다. 그런데 그곳에도 내가 없었다. 그렇게 헛걸음을 하고 집으로 돌아오신 아버지는 화가 잔뜩 나셔서 내가 집에 들어오기만을 기다리고 계셨다.

"학교 다녀왔습니다."

여학생을 만나고 집으로 돌아온 내가 인사를 했는데도, 집안 분위기가 왠지 전운이 감도는 듯 싸늘했다. 어머니께 들으셨는지 아버지는 나와 그 여학생의 관계를 이미 알아채셨던 것이다.

"너 어디 갔다 오느냐?"

"독서실에요."

"무엇이라고?"

아버지의 그 말씀이 떨어지기가 무섭게 내 눈에서 불이 번쩍했다. 그날처럼 화를 내시는 아버지의 모습은 처음이었다. 그 일이 있은 다음부터 나는 대학입시에 전념했고, 그렇게 해서 나의 핑크빛 열병은 막을 내리고 말았다.

# 겸상을
# 차려 오세요

어린 시절에 살던 우리 집은 마을의 위쪽에 자리 잡고 있는 길갓집이다. 마당에 서면 눈앞으로 너른 들녘이 펼쳐지고 월출산이 한 폭의 그림처럼 다가온다. 집 뒤쪽 한길에서는 사시사철 사람들의 발소리가 그치지 않았다. 당연히 오고 가는 길손이나 장보러 가는 사람들이 우리 집에 잠시 들러 쉬어가곤 했다. 그렇게 언제라도 이웃들이 편하게 드나들 수 있도록 대문이 활짝 열려 있는 집이었다. 그건 아버지와 어머니의 성품이 사람을 좋아하고 남에게 베풀기를 좋아했기 때문이었다고 생각한다.

어린 시절에 나에겐 깜짝 놀랐던 일이 있었다. 당시에는 구걸을 하는 거지들이 많았는데, 어느 날 옷차림이 아주 남루한 거지가 찾아온 것이다.

"밥 한 술만 주시오."

그날은 마침 토요일이어서 어머니께서는 퇴근하신 아버지의 점심상을 차리고 있을 때였다. 아버지께서는 대뜸 겸상을 차려오라 하셨다.

"여보! 저 사람과 함께 겸상을 차려오세요."

마루에 앉아 계시던 아버지께서는 괜찮다는 듯이 어머니께 말씀하셨다. 맨살이 듬성듬성 보이는 해어진 옷, 차마 신발이라고 할 수 없는 고무신을 새끼로 묶어 신고 있는 더러운 발, 그러한 모습을 본 우리 형제는 그 거지의 차림새가 너무 더럽고 무섭기까지 해서 밖을 나가지 못하고 있었다. 그래서 방 안에 숨어 살그머니 고개를 내밀고 눈치만 살피고 있었는데, 아버지께서는 아무렇지도 않다는 듯이 겸상을 차리라고 말씀하신 것이다. 우린 너무 놀라 두 눈을 휘둥그레 뜨고 일이 어찌되나 지켜보았는데, 어머니께선 두 말 없이 겸상을 차려오셨다.

"자, 찬은 없지만 어서 드십시다."

아버지는 주춤거리는 거지의 손을 잡아끌어 상 앞에 앉히고는 점심을 맛있게 잡수셨다. 그 광경은 어린 나에게 큰 충격이었고 먼 훗날까지 잊혀지지 않는 진풍경이었다.

아버지는 그렇게 빈부귀천을 가리지 않는 분이었다. 묵묵히 평생동안 교직의 길을 걸어오셨기에 몸에 밴 아량과 베풂의 실천일 수도 있지만, 지금 생각해봐도 이 세상에서 선뜻 거지와 겸상을 할 사람이 몇 사람이나 있겠는가? 그 생각이 들 때마다 아버지가 존경스러울 뿐이다.

내가 총장에 당선되어 인사를 갔을 때도 축하한다는 말보다 먼저, '돈 생각하지 마라. 명예만 생각해라. 월급 외엔 손대지 마라.'고 하신 분이다.

지금 살고 있는 집도 아주 오래된 집이다. 집안에 수세식 화장실조차 없는 한마디로 내구연한이 다된 집이다.

"아버지 작은 아파트에라도 들어가시지요."

"아서라, 이 집은 내게 정이 든 집이다. 이 집이 내겐 대궐이다."

아버지는 집을 옮기자고 제안할 때마다 한마디로 일축해버리셨다.

요즈음은 집이 안식처라기보다 재산의 일부인 세상이다. 그래서 집을 사고팔고 하면서 재산을 늘리기도 하고, 하다못해 살기 편한 아파트로 옮기려고 하겠지만, 아버진 한결같이 그 집을 당신의 소중한 안식처로 생각하면서 만족하며 살고 계신다.

# 어머니의
# 태몽

　나의 외조부모님은 일제 시절에 광주 충장로 3가에서 팔만상회라
는 큰 포목점을 운영했다 한다. 팔만상회는 시계점과 금은방까지 포
함하는 큰 상회로 한때 그 지역에서 세금을 가장 많이 냈다고 한다.
하지만 해방 이후 사회가 혼란스러운 격동기를 맞아 순조롭던 사업
에 어려움이 닥치고, 6·25를 겪으면서 가세가 기울기 시작했다고 한
다. 붓글씨도 잘 쓰시고 멋쟁이셨다는 외조부께서는 낙향을 결심한
뒤 사업을 정리하여 전 재산을 금으로 바꿔 버선에 채운 다음 고향인
도포로 오셨다고 한다.

　"어이, 자네 내 사위가 되소."

　당시 아버지의 나이는 27세였는데, 어느 날 외할아버지께서 아버

지에게 대뜸 사위를 삼겠다고 하셨다. 그동안 아버지를 지켜보면서 맘에 들었던지 사윗감으로 눈도장을 찍어놓으셨다 한다.

외할머니께서 "이 세상에서 내 딸만큼 영리한 사람 못 봤다."고 할 만큼 나의 어머니는 학창시절에 총명했다고 한다. 부잣집 딸로 태어나 그렇게 총명하다는 소릴 들으며 성장한 나의 어머니는 당시 일류 학교로 알려진 전남여고를 나오셨다.

그렇게 외할아버지의 결정으로 20세인 어머니는 아버지와 혼례를 치르게 된 것이다. 부잣집에서 곱게만 자라 고생이라곤 해본 적이 없는 어머니였지만, 가난한 교사의 아내가 되어 나무를 하러 다니고, 농사를 짓느라 머리는 흐트러진 덤불이 되기가 예사였다.

고운 손은 거칠어지고, 햇볕에 그을려 얼굴은 검게 탔지만, 어머니는 한 시도 쉬지 않는 부지런한 분이었다. 그러면서도 내일 당장 끓일 쌀이 없어도 남의 불행이나 어려움을 외면하지 않는 분이었다. 그러고도 자신의 선행을 내세우지 않고 숨겨오신 분이다. 그런 어머니께서 뇌출혈로 쓰러졌을 때 많은 분들이 찾아와 어머니께 받은 은덕을 얘기해서 그때서야 어머니가 이웃들에게 어떤 일들을 하셨는지 비로소 알게 되었다.

언젠가 어머니께서 태몽 이야기를 하셨다.

"널 낳을 때 말이다. 태몽을 꾸었는데 넌 앞으로 훌륭한 사람이 될 거다. 그 태몽처럼 훌륭한 인물이 될 거야."

어머니는 간혹 태몽 이야기를 들려주시며 나에게 힘과 용기를 주시곤 하셨다.

"그 우리 집 툇마루에서 내가 월출산을 바라보고 있을·때였다. 엄청나게 커다랗고 하얀 해가 월출산 위로 덩실 떠오르더니 이게 웬일이냐? 그 해가 나의 치마 속으로 들어오는 게 아니냐? 나는 꿈속에서도 이 해를 잡아야지 하고 생각했었다."

어머니는 재빨리 치마를 펼쳐 그 하얀 해를 감쌌다고 한다.

"또 한 번은 이런 꿈을 꿨단다. 그날도 월출산을 바라보고 있는데, 커다란 거북이가 나타났다. 그런데 자세히 보니 그 거북이가 장군 옷을 입고 천왕봉을 향해 올라가고 있었다."

그때 어디서 나타났는지 월출산의 모든 거북이들이 그 장군 거북이를 따라 천왕봉을 향해 올라가고 있었다는 얘기다.

"그 장군 거북이가 바로 너인 게야. 넌 앞으로도 모든 사람이 따르고 존경받는 훌륭한 사람이 될 거다."

이 세상 모든 어머니가 그렇듯이 나의 어머니도 나를 특별하게 여기셨다. 어릴 적 어머니에게 받은 존중심과 사랑은 이후 나의 인격형성에 있어서 최고의 가치관으로 자리 잡았다. 가난했지만 기상을 잃지 않게 해주신 어머니의 독특한 배려는 항상 사랑이 가득한 말씀에 늘 배어 있었다.

그 어머니가 계셨기에 오늘의 내가 있음을 세월이 흐를수록 더 깊게 깨달게 된다.

# 수학여행과
# 50원

동생은 나보다 네 살 아래다. 어느 집이든 대개 그렇다고 하는데, 동생과 나의 성격은 좀 다르다. 나는 호주머니에 돈이 있으면 그냥 다 쓰고 마는 성격이지만, 동생은 티끌 모아 태산을 만든다는 격으로 모으는 성격이다.

어릴 적 공부에 있어서는 나보다 못한 동생을 보고 부모님이 동생의 앞날을 걱정하시면서 한 말씀씩 하시는 경우가 있었다.

"네 형은 저렇게 열심히 공부하는데 넌 그게 뭐냐? 그렇게 공부를 안 하면 커서 뭐가 되겠느냐? 형님 심부름이나 하고 살래?"

부모님은 동생의 장래를 위해서 그렇게 말씀하신 거지만, 때론 그 말씀이 동생의 자존심을 건드리기도 했다.

하지만 지금은 어떤가?

내 동생 용채는 전남대 공과대학 토목과를 나와 도로공사에 취직해 부장까지 승진하였으나 교직에 뜻을 두고 담양 남도대학으로 이직했었다. 그러다 다시 국립대학인 목포해양대학의 교수 공채에 당당히 합격하여 지금 동 대학교의 교무처장을 하고 있다.

'이제 내가 동생의 심부름을 해주고 살아야 하겠구나.'

그런 맘이 들 정도로 난 동생이 자랑스럽고 대견할 뿐이다.

동생이 6학년 때에 있었던 가슴 아픈 기억이 간혹 떠오른다.

"엄마! 나 용돈 좀 두둑이 주세요."

수학여행을 간다며 동생은 엄마에게 용돈을 많이 달라고 졸랐다. 하지만 어머니의 수중에 돈이 있을 리 만무했다. 꼬깃꼬깃 접혀진 돈을 한 장 꺼내주었는데 그때 돈으로 50원이었다. 지금 화폐가치로 따지면 500원쯤이나 될까? 다음 날 수학여행을 다녀온 동생의 얼굴이 속이 상해 상기된 모습으로 퉁퉁 부어 있었다.

"그래, 수학여행은 잘 다녀왔느냐?"

동생은 묻는 말에도 아무 대답을 않고 코를 씩씩 불더니 무엇을 꺼내 방바닥에 휙 던지는 것이었다.

"난 아무것도 할 수 없었어. 이것 가지고 뭐 사 먹으라고?"

동생이 방바닥에 내던진 것은 어머니가 준 50원짜리 돈이었다.

다른 아이들은 군것질을 하는데 얼마나 먹고 싶었을까? 얼마나 속이 상했을까? 가난한 집안형편을 원망하며 쳐다만 보고 있었을 동생의 얼굴을 떠올려보면 지금도 가슴이 아프다.

지금 나에게 있어서 동생은 참으로 소중하고 고마운 존재이다.
"형! 공부하는데 방해하지 않을게."
우리 어릴 적에는 TV는 생각도 못할 때여서 집집마다 트랜지스터 라디오를 보물로 여기고 살던 때였다.

우리 집에도 그 트랜지스터라디오가 있었는데 중학생이 된 동생은 그 라디오 듣기를 무척이나 좋아했다. 그렇지만 내 공부에 방해가 될까 봐 소리를 최대한으로 줄여 바싹 귀에다 대고 방송을 들었다. 어쩔 땐 이불을 뒤집어쓰고 듣기도 했다.

형의 말이라면 마음에 들지 않아도 순종하며 속상한 일이 있어도 나를 이해하고 따라주었던 내 동생 용채가 나는 항상 고맙고 자랑스러웠다.

'용채야! 난 네가 얼마나 자랑스러운지 모르겠다. 우리 온 힘을 다해 부모님 잘 모시고, 아이들 잘 키우며 살아가기로 하자.'

그 50원짜리 용돈으로 속상했던 수학여행 때 아무런 도움도 못 됐던 형으로서 미안했지만, 빈궁을 견디면서도 영혼의 건강함을 잃지 않은 동생이 마냥 대견스럽기만 하였다.

지금도 동생이 어디라도 간다 하면, 내가 지갑을 먼저 꺼내 챙겨주려는 것도 어릴 적 동생에게 넉넉히 챙겨주지 못한 미안함에서 오는 마음인 듯하다.

# 우리 집
# 내력

"아버지, 우리 집안은 어떤 집안이어요?"

우리 조상들은 누구일까? 오랜 옛날에는 어디서 살았고 어떤 분들이었을까? 어릴 적에 그런 궁금증이 날 때가 많았다.

그럴 때면 아버진 먼 조상들의 얘기부터 가까운 윗대 어른들 이야기까지 들려주시곤 했다.

우리 집안은 당시만 해도 논을 80여 마지기나 경작할 정도로 부잣집이었다고 한다. 그런데 증조할머니의 묘를 29번이나 이장하는 과정에서 가세가 기울기 시작했다고 한다. 집안에 안풍수라는 분이 기거하면서 그 할머니의 이장을 주도했는데, 한 번 이장을 할 때마다 소를 한 마리씩 잡았다고 한다.

그러는 가운데, 또 할아버지께서 빚보증을 섰다가 가세는 완전히 기울고 말았다고 한다. 그게 도포로 이사하는 계기가 되었고, 큰아버지께선 가난을 이겨보고자 열네 살 때 목포로 나가셨다고 한다. 어느 양복점에 취업하여 기술을 배우기 시작했는데, 그 당시 무보수인 것은 물론이고 상상할 수 없는 혹독한 노동에 시달렸다고 한다.

하루 종일 일하고 허기가 지는데 양복점 주인이 야식으로 자장면을 시켜 기술자만 주고 큰아버지에게는 주질 않았다고 한다. 그럴 때면 열네 살 어린 소년은 남몰래 서러운 눈물을 하염없이 흘리며, 어서 빨리 돈을 벌어야지 하는 각오를 다졌다고 한다.

그렇게 무보수로 허드렛일과 양복일을 하며 5년간 피나는 노력 끝에 마침내 목포상공회의소에서 시행하는 기능장(장인)시험에 1등으로 합격했다 한다.

그 뒤 큰아버지는 오직 돈을 벌어야겠다는 일념으로 만주 지지하르라는 곳으로 가서 양복 만드는 일을 했다고 한다. 만주 지지하르는 몹시 추운 지역인데다, 또 장손이 멀리 나가 있으면 안 된다는 할머니의 간절한 권유로 해방 후 큰아버지는 다시 목포로 와서 양복점을 하셨다고 한다. 그리고 큰아버지께서 아버지를 가르쳤다고 하신다.


아버지는 동강중학교를 졸업한 뒤 전남대학교 초급상과대학을 나오셨다. 당시에는 논을 4마지기를 팔아야 대학교 등록금을 댈 수 있었다고 한다. 그 무렵 시쳇말로 대학을 우골탑이라고 했다 한다. 논 팔고 소 팔아서 대학 등록금 댄다는 비유로 우골탑이라는 말이 생겼을 것이다.

"나의 형님 그러니까 네 큰아버지가 내게는 아버지와 같다. 형님이
안 계셨다면 오늘의 내가 어찌 존재하겠느냐? 너도 그걸 알고 큰아버
지께 잘해야 한다."

아버지께서는 그런 말씀을 자주하셨다. 부모님을 일찍 여의고 형
님 밑에서 성장했으니 아버지로선 큰아버지가 부모와 다름없었던 것
이다. 아버지께선 평교사로 교직을 마감하셨다. 그리고 얼마 되지 않
은 연금을 받게 되셨다.

"형님! 정말 고맙습니다. 형님 덕분에 성실하게 교직을 마무리하
게 되었습니다."

아버지는 큰아버지에게 일천만 원의 돈을 선뜻 드렸다고 한다. 어
찌 형제간의 우의를 돈으로 계산할까만, 피땀어린 고생을 하며 동생
의 뒷바라지를 하신 큰아버지나, 그 은혜를 가슴에 간직하고 보답하
는 아버지의 모습은 우리 사촌형제들에게도 큰 귀감이요, 그 어떤 것
에도 비할 바 없는 큰 가르침이다.


나 역시 어떻게든 큰아버지께 잘하려고 노력했다. 지금도 서울에
가면 사촌동생들과 만나 함께 보내는 시간이 즐겁기만 하다.

이처럼 우리 집안에 가장 큰 어른이셨던 큰아버지께서는 제수인
어머니가 쓰러졌다는 소식을 듣고 충격을 받아 몸져누우신 뒤 결국
회복하지 못하고 세상을 떠나셨다.

큰아버지께서는 그렇게 작고하셨지만 당신께서 보여주신 형제

간의 우애를 생각하면 눈물이 와락 쏟아질 것만 같다. 그 분의 따뜻한 사랑은 내 가슴속에 영원히 남아 우리 형제간에 큰 귀감이 되고 있다.

# 돈이
## 뭐길래

내가 총장이 되고 얼마 되지 않았을 때다.

어느 날 모 기업체의 사장이 나를 찾아온 적이 있었다. 이런저런 얘기를 나누고 난 뒤 봉투 하나를 내밀었다.

"이거 얼마 안 되지만 쓰십시오."

그분은 사양할 틈도 없이 봉투를 놔두고 자리를 떠났다. 봉투를 열어보니 자그마치 3천만 원이나 되는 거금이 들어 있었다. 나는 곧바로 그 사장한테 전화를 걸어 다시 가져가라고 했지만, 그분은 총장님 맘대로 좋은 일에 쓰라는 말만 했다. 나는 하는 수 없어 그 돈을 학교 발전기금으로 넣었다. 나중에 그 사실을 알게 된 그분은 나에게 한마디 말하면서 껄껄 웃었다.

"아따! 내 이 세상에서 돈 마다하는 사람 첨 봤소."

그 뒤에 아버지께 이런 일이 있었다고 말씀드렸더니 "정말 잘했다. 난 널 믿는다."라고 하셨다.

"3천만 원이 아니고 30억 원이었음 생각이 달라졌을지도 모릅니다."

나는 그런 농담을 하며 아버지와 같이 웃었다.

하긴 돈 마다하는 사람이 이 세상에 몇이나 될까? 아무런 조건 없이 호의로 주는 돈이라도 싫다는 사람이 있을까?


어린 시절과 학창시절, 너무도 가난한 집안 형편 때문에 돈을 벌어야겠다는 생각으로 중학교 2학년 때 서울로 가려고 가출까지 했던 나다. 지금까지도 내겐 가난이라는 말은 지긋지긋한 고생이라고 각인되어 있다. 부자가 되어 실컷 돈 한 번 써봤으면 하고 생각했던 적도 한두 번이 아니었다. 그래서 나는 내 아이들에게 용돈을 후하게 주곤 했다.

"너 애들에게 용돈을 너무 많이 준다."

과거 우리가 어린 시절에, 우리가 용돈을 요구할 때마다 어디다 쓸 것인가를 확실히 하고 용돈을 주셨던 아버지이신지라, 내가 아이들에게 주는 용돈이 많다고 생각하셨던 것 같다.

"저 어릴 적 생각이 나서 그렇습니다."

불쑥 아버지의 말씀에 그렇게 대답하고는 '아차 실수했구나!' 하는 생각이 뇌리에 스쳤다. 왠지 아버지의 얼굴에서 쓸쓸한 표정이 엿

보였기 때문이다.

　내가 중·고등학교 다닐 때 우표 모으는 일에 취미를 붙여 열중한 적이 있었다. 그때 내가 원하는 우표를 사려면 언제나 내 용돈을 다 털어도 모자랐다.

　한 번은 좋은 우표가 새로 발행되었다는 소식을 듣고 우체국으로 달려갔다. 그리고 호주머니의 돈을 다 털어 우표를 샀는데, 창구 여직원이 180원의 거스름돈을 내주는 것이었다. 나는 그 돈을 다시 그 직원에게 돌려주었다.

　"왜 거스름돈을 주세요?"

　"아 내가 계산을 잘 못했구나. 고맙다."

　내 말에 창구 여직원은 서랍을 열어 돈을 확인하더니, 500원을 받은 것으로 착각했다고 하면서 빙그레 웃었다.

　그때는 어찌나 우표를 사고 싶던지 누워서 천장을 보면 천장무늬가 우표로 보일 정도였다. 돈 180원이면 그 탐나는 우표를 몇 장 더 살 수도 있었지만, 그때 나는 조금도 망설임 없이 돈을 돌려주었다. 하지만 내 마음속에 그 생각이 오래 남아 있는 것은 돈에 대한 미련 때문이라고 생각했다.

　사람이 살아가면서 어떠한 경우이든 간에, 자칫 돈의 유혹에 빠지지 않는다고 어떻게 장담할 것인가? 더욱이 물질만능의 요즈음 세태에선 과거와는 다른 가치관이 우리의 의식세계를 지배하고 있다고 본다.

　용돈을 많이 주지 못한 아버지의 심정을 이해하고, 또 그 아버지의 심사를 거스르는 듯싶어 죄송하기도 했지만, 내가 애들에게 용돈을 넉넉히 주었던 건, 만의 하나라도 아이들이 그 돈의 유혹에 빠지지 않았으면 하는 바람 때문이었다.

# 교육은
# 포용과 베풂으로

 초등학교 시절 우리 집에서 외할머니댁까지 30리길이었다. 어느 땐가 혼자 밤길을 걸어 외할머니댁에 간 적이 있었다. 그런데 암흑같이 컴컴한 시골길을 걸어가는데도 조금도 무섭지가 않았다. 마치 어미를 향해 달려가는 새끼 짐승처럼 따뜻하고 든든한 마음이 온몸을 감쌀 뿐이었다. 그리고 나는 원래 고집이 무척 센 아이였는데, 그런 내가 외할머니의 영향을 받게 된 후부터 차츰차츰 태도가 바뀌면서 많은 사람을 배려하는 사람이 되어야겠다는 생각이 들었다.

 언제 어디서나 남의 입장을 생각해야 한다는 마음가짐과 약자나 아픈 사람을 보면 반드시 도와줘야 한다는 생각도 갖게 되었다.

 어릴 적에 내 호주머니는 항상 비어 있었다. 가난한 집안 형편 때문에 호주머니에 돈이 넉넉할 수가 없었다. 그렇지만 돈이 없다는 것이 불편하거나 불만스럽지 않았다.

언젠가의 일이다. 아버지께서 네 살짜리 손자를 데리고 충장로를 다녀오시더니 이내 덕담을 해주셨다.

"오늘 네 자식을 데리고 충장로에 나갔다. 그리고 길거리에서 8천 원을 주웠다. 이걸 어떻게 해야 하나? 돈 8천 원을 어떻게 주인 찾아 주나? 생각하다가 파출소로 갔다. 손자에게 정직한 마음을 가르치기 위해서였다."

그렇게 손자 교육을 시켰다고 말씀하시더니 다음과 같이 회고하셨다.

"넌 말이다. 마음이 착한 아이였다. 내가 용돈을 넉넉히 줄 형편이 못되었는데 네게 무슨 용돈인들 넉넉했겠느냐? 그런데 넌 길을 가다가 불쌍한 사람을 보면 그대로 지나치는 법이 없었다.

길 가다가 네가 안 보여 널 찾을 때면, 넌 또 거지에게 동전이라도 한 닢 주려고 뒤처져 있곤 하였다."


생각해보면 될성부른 나무는 떡잎부터 알아본다고 한다. 사람도 마찬가지다. 어릴 적의 가르침이 그 사람의 평생을 좌우한다고 생각한다. 그래서 교육이 중요한 것이다. 사람들은 우선 먹고사는 것에 관심을 두게 되고, 누가 우릴 잘살게 해줄 사람인가를 더 따진다.

교육은 학교에 보내면 되고, 그 교육을 책임진 사람이 어떤 사람인가에 대해서는 별로 관심이 없다.

'손톱 밑에 가시가 나는지는 알아도 염통 밑에 쉬스는 줄은 모른다'는 속담처럼, 누구든지 우선 먹고사는 일이나 이해상관이 있는 일에는 눈에 불을 켜도, 우리 학생들의 백년대계를 좌우할 교육문제에는 강 건너 불보기 식이다.

물론 자기 자식의 교육문제에 대해 유달리 관심이 깊은 나라가 우리나라이기는 하지만, 그건 어디까지나 내 자식이라는 이기적 산물의 소산일 뿐 교육의 백년대계와는 거리가 멀다.

직설하여 말하자면 누가 참된 교사인가, 그리고 교육계의 지도자인가에 대한 성찰이 부족한 것이다. 학교에선 학교장이, 지역에서는 교육장이, 그리고 교육감이, 교육위원이 어떤 인물이냐에 따라 교육은 크게 좌우됨에도 일반 주민들은 별반 큰 관심이 없다.

여러 가지 생각이 있겠지만 교육자는 남다른 사명감과 소신, 철학과 비전이 있어야 한다. 봉사하는 마음, 배려하는 마음, 소통하는 마음이 있어야 한다. 그런 점에서 교육에 대한 나의 생각은 포용과 베풂에 그 기저가 있다고 스스로 평가해본다.

# 인생의
# 고귀한 가치

흔히들 모범생을 범생이라는 속된 말로 호칭하기도 한다. 열심히 공부해서 모두가 선망하는 좋은 대학에 가고, 그리고 좋은 직장에 취직해서 돈도 벌고, 예쁜 여자를 만나 행복한 가정 꾸리며 여유만만하게 살아가는 삶. 이 세상 누가 마다하겠는가?

행복은 성적순이 아니라는 말도 있지만, 과연 열심히 공부해서 잘사는 것으로 귀결되는 인생이 행복하기만 한 것일까?

물론 자아실현은 되겠지만, 이 사회는 결코 혼자만 사는 게 아니다. 나의 삶도 중요하지만, 더불어 살아가는 사람들의 삶도 내 삶의 일부분일 수밖에 없는 것이다.

부자가 자신의 재산을 지키기 위해 아무리 담장을 높이 쌓아도, 그

담장만으로는 자신의 재산을 지키지 못한다. 위험에 대처하기 위해 담장을 높이 쌓는 만큼 그에 대한 위험요소도 따라서 높아지기 마련인 것이다.

나만 잘살면 된다고 생각하지만, 그만큼 치러야 하는 사회적 비용도 증가한다. 결국 나만 잘사는 것도 한계에 부딪히고 일정 한도에 도달하면 모두 함께 동반 추락하고 만다.


나는 이 세상에서 말하는 소위 범생이 그룹에 속한다고 생각해왔다. 누구나 선망했던 광주의 명문고인 광주제일고를 우수한 성적으로 나와 서울대를 다녔으니 말이다.

서울대를 졸업하는 날 온 가족이 참석해서 기쁨을 나눴던 일이 엊그제 일처럼 생생하다.

졸업 무렵엔 소위 마담뚜라 부르는 중매쟁이가 여의도의 아파트와 현금 1억을 주겠다는 혼처를 소개한 적도 있었다. 자칫 세상에 대한 판단을 흐리게 할 수 있었던 시기였을 수도 있다.

나는 서울대를 졸업하고, 그 무렵 설립된 과기대에서 석사과정과 박사과정을 마쳤다. 박사과정을 마칠 땐 내 나이 26세로 당시 최연소 박사학위여서 MBC 뉴스시간에 출연하여 이득렬 앵커와 대담을 하기도 했다.

과기대 졸업 후, 순천대 학장으로부터 순천대 공대 조교수로 임용하겠다는 전화를 받았다.

그렇게 하여 전임강사보다 한 급 위인 조교수로 발령을 받게 되었다. 이어 36세에 정교수가 되었고 학장에 이르렀으며, 마침내 48세에 총장에 도전하여 당선의 영광을 안았다.

이런 이력만 보더라도 나 역시 노력 끝에 성공한 대표적인 인물 중에 한 사람이라고 할 수 있다. 또한 긍지와 자부심을 가지고 살아왔기에 그러한 칭찬에 대해 멋쩍어할 이유도 없었다.

하지만 그렇게 겉으로 드러난 결과에 자만하거나 결코 만족할 수가 없었다. 왜냐하면 그건 어디까지나 나만의 성공이었기 때문이다. 진정한 성공은 나눔에 있고, 내가 받은 것을 그 이상으로 돌려주었을 때 가치가 있다 한다.

남을 배려하고 베푸는 삶의 가치를 강조하셨던 나의 부모님의 가르침 속에 말없는 실천처럼, 나도 이제 이 세상의 발전과 변혁을 위해 배려하고 베푸는 삶을 살 작정이다.

모든 것은 사람이 한다. 사람에게 줄 수 있는 가장 고귀한 가치 중 하나가 바로 교육이다. 사람을 향한 교육이야말로 내가 지금 신명을 바쳐 매진할 수 있는 것이라는 생각에는 변함이 없다.

# 추락하는 것에
# 날개가 있다

1991년 순천대학교 총장 선거가 있었다.

"이번 선거에 참모가 되어주시오."

당시 총장에 출마했던 안계수 교수의 부탁을 받고 며칠 동안의 심사숙고 끝에 참모역할을 하기로 결심했다.

"예, 하겠습니다."

무슨 일이든 일단 결정하면, 난 물불을 가리지 않고 최선을 다하는 성격을 가졌다. 평소 하면 된다는 신념과 매사에 철저한 준비와 노력만이 최상의 관건이라는 소신대로, 나는 선거참모로서 치밀하게 준비하고 과감하게 추진했다. 누구보다도 앞장서서 선거를 지휘하고 이끌었다.

그러나 결과는 패배로 끝나고 내 마음은 그저 허탈하기만 했다.

내가 출마해서 떨어진 것보다도 더한 실망감이 온 머릿속을 휘젓고 다녔다. 어쩌면 내 인생에 있어서 노력이 통하지 않은 최초의 실패였는지도 모른다. 적어도 내게는 그랬다. 어렵고 힘든 일이 많았지만, 노력하면 다 이루어지는 걸로 생각하고 그걸 믿고 살았기에 그만큼 더 패배라는 상황을 받아들이기가 힘들었는지도 모른다.

세상을 살면서 어찌 크고 작은 실패가 없을 것인가?

하지만 선거라는 것은 좀 다른 측면에서 현실을 수용하기가 어려웠다. 사람에 대한 실망과 배신감 등이 더욱더 힘들게 심신을 파고들었다. 극심한 절망감으로 심신이 무기력할 정도였다.


'이제 어떻게 해야 하는가?'

'이렇게 쓰러질 순 없다. 만채야! 다시 일어서야지.'

나를 일으켜 세워야 한다고 스스로를 채찍질하고 방안을 찾았다.

그러던 어느 날 아파트 창문으로 밖을 내다보다가 나는 순간적으로 무릎을 탁 쳤다.

'그래, 바로 저거다. 무기력해진 심신을 일깨우는 데는 저게 최고다.'

아파트에서 내려다보이는 곳에 테니스장이 있었다. 아침저녁으로 테니스를 치는 사람들로 북적거리는 곳이었다.

그래서 나는 테니스를 하기로 결심하고 당장 테니스에 관련된 책을 구입했다. 이것저것 테니스의 기본적인 것에서부터 고도의 기술적인 부분까지 먼저 책을 통해 익히기 시작했다. 그런 다음 테니스 장비를 구입하고 본격적으로 연습에 들어갔다.

그런데 서툰 솜씨를 남에게 보이기도 싫었고, 또 사람들이 몰리는 시간을 피하기 위해서 낮 12시부터 2시까지를 연습시간으로 정했다. 그 시간엔 사람들이 오지 않아서 연습하기도 좋았고, 무엇보다도 초보자로서 맘 놓고 연습할 수 있었다.

"당신 테니스장에서 뭐했어요?"

어느 비가 내린 날이었다. 연습은 해야겠는데, 테니스코트가 빗물에 젖어있는 것이었다. 궁리 끝에 나는 걸레를 가지고 나갔다. 나는 그 빗물을 걸레로 훔쳐내선 그릇에 짜고, 또 훔쳐내선 그릇에 짜고 그렇게 테니스코트를 잘 닦아낸 다음 연습을 했다.

그 모습을 아내가 본 모양이다. 나는 뭘 잘못하다 들킨 것처럼 계면쩍어서 말머리를 돌리려고 큰소리를 쳤다.

"두고 봐. 다음 동부권 대회에서 꼭 우승하고 말 테니까."

마치 테니스와의 전쟁을 치르듯 집중했다. 그리고 때가 이르러 마침내 동부권 테니스대회에서 우승을 했다.

추락하는 것에 날개가 있다는 쓰라린 경험, 좌절과 실망의 시절이 있었지만 나에겐 잊을 수 없는 교훈을 안겨준 시기였다. 금방 성취되지 않더라도 노력해야 하고, 실패하더라도 자신을 겸허히 돌아보아야 한다는 것을 상처를 입고 나서야 알게 되었다.

노력 끝에 성공이 온다. 노력하면 이루어진다. 노력한 만큼 반드시 그 보답이 있게 마련이다. 적어도 나의 사전에서는 그 말이 정답이었다. 그 말을 믿고 매사에 최선을 다했으며, 조금도 그 말에 대해 의심치 않았다. 그 노력 끝에 성공이라는 말은 곧 나의 신념이었고 나를 지탱하는 버팀목이기도 했다.

테니스뿐 아니라 이번에는 스키에 도전하였다.

언제나처럼 체계적이고 철저한 사전 준비를 하고 집중적인 연습을 통해 스키 실력도 하루가 다르게 늘었다. 내 자신이 만족할 만큼의 수준이 될 때까지 난 그렇게 열정적인 노력을 아끼지 않는다.

그러한 방식은 내 아이들의 교육에도 적용시켰다. 나는 내 아이들에게 그렇게 집중적인 노력을 하도록 가르쳤다.

아이들을 가르치기 전에 항상 내가 먼저 해보는 것도 나의 방식이다. 철저한 준비를 통해 내용을 정확하게 파악한 다음 완성도를 높여가는 방법과 요령을 찾아내고 장단점을 구별한다. 그런 다음 집중적인 트레이닝에 들어간다. 열 번이고 백 번이고 한다. 안 되면 될 때까지 한다. 열심히 해서 안 되는 일은 없는 것이다.

그 덕분에 나는 테니스와 스키를 익혔고, 바둑과 탁구까지 섭렵했다.

그런 다음에는 내 아이들에게 그 방식대로 안내를 하고 가르쳤다.

꼭 어떤 기능이 뛰어난 사람만이 훌륭한 지도자는 아니라고 본다. 테니스를 잘 치는 사람이 테니스를 잘 가르치기야 하겠지만, 청출어람이라고 교육은 그 이상의 결과를 가져와야 한다고 생각한다.

기계체조를 못하는 체육교사도 기계체조를 잘하도록 제자를 가르칠 수가 있다. 그건 뭘까?

바로 빼어난 교수학습과 지도기술이지만, 무엇보다도 교육에 대한 열정과 꾸준한 노력의 결과라고 본다. 본질에 대한 정확한 고찰과 철저한 준비도 뒤따라야 한다.

교육자는 피교육자보다 그 배 이상의 자기 준비와 집중적인 노력을 바쳐야 하는 것이다.

# 약자를 배려하고
# 강자에게 엄격해야

내가 1993년부터 1995년까지 순천대학교 전산소장으로 일할 때였다. 직원들 급여를 주는데 봉투를 보니까 이름이 적혀 있고 액수가 기록되어 있었다.

급여봉투에 이름이 적혀 있는 게 당연한 일이긴 하지만, 액수의 차이로 사람들의 인격까지 구분될지도 모른다는 생각이 들었다.

그래서 실무 담당자와 의견교환을 해보았다.

"인권의 문제는 없습니까?"

"다른 사람과 비교되면 기운도 빠지고 기분도 나쁘지요."

"그렇다면 급여봉투에서 이름을 지우도록 하세요."

작은 일일지 모르지만 역지사지(易地思之)라는 말처럼, 그 사소한 일이 사람의 마음을 상하게 할 때가 있다. '무심코 던진 돌멩이에 개구리가 맞아 죽는다'는 말이 있듯이, 세상을 살아가면서 나에겐 별일 아닌 것이 때로는 타인의 마음에 큰 상처를 주는 경우가 있기 때문이다.

설령 이름 쓰인 봉투와 인권이 무슨 상관이 있을까 생각했지만, 그렇게 이름을 지은 급여봉투를 받고 직원들이 좋아한다는 말을 듣고 난 후, 나는 세상살이의 더 많은 것을 생각하게 되었다.

또 한 번은 이런 일도 있었다. 그때는 자연과학대 학장을 할 때였다.

어느 날 관리직 직원들이 수위실에서 화투를 치다가 적발되었다. 모두 있을 수 없는 일이라며 징계를 해야 한다고 큰 소요가 일어났다. 나는 진상을 철저히 조사하라고 한 뒤 당사자들을 불러 자초지종을 물어봤다.

"근무시간에 근무지에서 불미스러운 행동을 해서는 안 되는 줄 알고 있지요?"

"백번 잘못했습니다. 하지만 근무시간에는 하지 않았습니다. 일 마치고 점심을 먹은 뒤 무료함을 달래기 위해 잠깐 그랬습니다. 정말 잘못했습니다. 앞으로는 절대 그런 일이 없을 것입니다."

그 사람들은 진정으로 뉘우치며 잘못을 빌었다.

"앞으로는 쉬는 시간이라고 하더라도 교내에서 그런 일이 있어선 안 됩니다."

"예, 학장님! 명심하겠습니다."

나는 징계해야 한다는 여론을 무마시키고 그들에게 반성할 기회를 주기로 했다. 다행히 나의 결정이 흔쾌히 받아들여져서 더 이상 아무런 문제도 삼지 않았다.

사실 언젠가 인사 청탁을 받은 적도 있었다. 한 교직원이 자신의 딸아이 취업 문제를 부탁한 것이다.

나는 그분에게 이렇게 말했다.

"만일 당신 딸이 그 자리를 차지하면 다른 사람이 보직을 옮겨야 합니다. 그렇게는 할 수 없습니다. 대신 예산을 늘릴 수 있다면 자리를 하나 더 만들어서 그때 다시 이야기할 수 있습니다."

"제가 생각이 짧았습니다."

내 말에 그 교직원도 이내 밝은 얼굴을 하며 멋쩍게 웃었다.

흔히들 강자에게 약하고 약자에게 강한 게 이 세상 정글의 법칙이라고 말하지만, 내 생각은 그렇지 않다. 세상이치는 당연히 옳고 그름을 분명히 따져야 마땅하지만, 약자를 배려하고 강한 자에겐 엄격해야 이 사회의 질서가 똑바로 서고 억울한 사람이 생기지 않을 거라는 것이 나의 생각이다.

# 총장선거에서
# 얻은 교훈

　나는 국립 순천대학교 총장에 두 번 도전하였다. 첫 번째는 실패하였고, 두 번째 도전에서 당선이라는 승리의 영광을 안았다.

　사람들은 나를 어떻게 평가할까? 그게 궁금한 적도 있었지만, 내 생각에는 초지일관된 삶을 부끄럽지 않게 살아왔다는 데 있었다. 내가 살아온 삶이 떳떳하고, 그동안 한 치의 허점도 보이지 않으려 노력하며 열심히 살았는데 남의 평가가 뭐가 그리 대수란 말인가? 그게 무슨 상관이란 말인가?

　그렇게 나는 당당했지만, 다른 사람들에게는 거만하게 보이고 엘리트 의식으로 꽉 찬 사람으로 보였을 수도 있었으리라 생각될 때도 있었다.

순천대학에 온 지 얼마 되지 않았을 때 우리 대학 구성원 중 누군가가 이렇게 말했다고 한다.

"저 사람 너무 건방지단 말이야. 전임강사도 거치지 않고 바로 조교수로 왔다고 그러는 것 같은데 아직 설익은 사람이야. 엘리트 의식으로 똘똘 뭉친 사람이야."

그때 나는 '평상시 나의 행동과 모습이 건방져 보였다면, 보는 사람의 시각에서 그러한 평가도 할 수 있을 거다'라고 생각했다. 그건 나의 자신감과 당당함이 타인의 눈에는 거칠게 보이고 건방지게 보였으리라 이해되고 수긍되는 부분이었기 때문이다. 그래서 항상 무슨 일이든 단순한 행동을 삼가고, 낮은 자세로 겸손하고자 노력한다.

집안에서도 그렇다. 부부간에도 어떤 일에 부딪히면 철저하게 논리적으로 얘길 나눈다. 그러다 잘못했다고 생각하면 망설임 없이 잘못을 시인하고 사과를 한다.

잘못된 것을 알고도 억지를 부리거나 궤변으로 설득하려 하지 않고 나의 잘못된 생각이나 행동을 고치려고 노력한다.


나는 내 스스로를 마음이 여린 사람으로 생각한다.

나는 양복을 사면 곧바로 입지를 못한다. 괜스레 창피하고 어색해 보여서다. 그래서 봄에 산 양복은 가을에나 입는다. 그리고 가을에 산 양복은 다음 해 봄이 되어서야 입는다. 그렇게 소심하고 마음이 여린 게 또 나다. 지금도 구두를 사면 언제나 똑같은 디자인의 신발을 산다. 색깔도 똑같다. 그러다 보니 언제나 구두 한 켤레로 살아가는 사람이라고 보일 것이다.

왜 그럴까? 이유는 간단하다. 그래야 어디 가서 많은 사람의 신발이 섞여 있을 때 빨리 찾을 수 있기 때문이다. 신발을 챙겨주는 사람의 수고를 덜어줄 수도 있는 것이다. 그리고 신발이 해질 때까지 굽을 갈아 신는다. 그렇게 절약하고 아낄 줄도 안다. 하지만 다른 사람의 눈에 건방지게 보인다는 것은 분명 문제가 있는 것이다.


그걸 내게 제대로 깨닫게 해준 것이 바로 총장선거였다.

나는 총장선거에 출마하여 보기 좋게 낙선했다. 선거에는 2등이 없다. 그 냉정하고 냉혹한 현실이 내 앞에 닥쳤고, 그 냉엄한 현실에 나는 무릎을 꿇어야 했다.

순천대학교 총장 선거에서 실패한 것은 어찌 보면 내 인생에 큰 전환점이 되었고, 나 자신을 더욱 겸허하게 되돌아보는 계기가 되었다. 또한 선거 후 감당해야 하는 그 여파도 만만치 않았다.

총장 선거에 떨어진 그해, 그 일로 노심초사하시던 어머니께서 전혀 예상치 못했던 뇌출혈로 쓰러지셨다. 나 역시 하늘이 무너지는 듯한 충격으로 온몸이 나락으로 떨어지는 듯 까마득했다.

어머니는 다섯 번의 큰 수술을 받았고 지금도 불편한 몸으로 병석에 계신다. 또한 엎친 데 덮친 격으로 큰아이가 대학입시에 실패하여 재수를 하게 되었다. 그러한 일들로 마음의 상처가 이만저만한 게 아니었다.

'아, 그동안 쌓은 노력이 물거품으로 돌아간단 말인가? 이러한 일

들을 어떻게 풀어야 할까?'

매일 똑같은 생각을 반복하면서 깊은 고뇌에 빠지곤 했다.

2002년 총장 선거 당시 1차 투표에선 2표 차로 뒤지면서 결선투표까지 갔었는데, 2차인 결선투표에서 8표 차로 낙선하고 말았다.

선거 후 머릿속에는 온통 왜 낙선했을까? 하는 생각만 가득할 뿐 아예 다른 생각을 할 수가 없었다.

'모두들 압승할 거라고 했는데….'

그래서 더 큰 배신감과 인간적 회의에 빠졌다.

하지만 겉으로는 의연한 척, 아무렇지도 않은 척했다.

'그까짓 일에 이 장만채가 쓰러질 듯 싶으냐?

이까짓 일에 연연하고 내 인생을 값없이 내던진단 말이냐?'

나는 겉으로 만이라도 그렇게 대범한 척, 의연한 척했다.

하지만 어머니의 병환, 아들의 대학입시 실패까지 겹치고 보니, 나의 의연한 모습과 처신도 한계에 부딪친다는 생각마저 들었다.

그러면 어쩌란 말이냐? 이럴 땐 어떻게 해야 한단 말이냐?

하루에도 수없이 내 자신에게 묻고 또 대답하기를 반복했다.

'그렇다. 놓자. 모든 것을 놓자. 모든 것을 내려놓고 다시 시작하면 되지 않는가?'

꽉 쥐었던 두 주먹을 풀었다. 닫혔던 마음마저 미련 없이 훌훌 털어버렸다. 그러자 마음이 후련해졌다. 한 줄기 맑고 싱그러운 바람이 가슴을 스쳐 가는 것 같았다.

마치 꽃향기가 평화롭게 온몸을 감싸는 듯했다.

# 마음을
# 얻다

  학창시절을 마치고 순천을 고향으로 여기고 살아오면서, 토요일마다 어머님댁에 찾아가는 일을 큰 기쁨으로 삼았다.

  지난 수십 년 동안 특별한 공무가 있을 때를 제외하고는 한 번도 거르는 일이 없었다. 토요일이면 으레히 광주에 가서 부모님을 뵙는 것이 나의 정해진 일상이기도 했다.

  내가 처음 순천대학교에 왔을 때, '저 사람 아무리 봐도 건방지단 말이야' 하면서 나에 대한 이미지를 아주 나쁘게 말하셨던 한 교수님이 계셨는데, 그런 감정 때문이었는지 처음 총장 선거할 때 그분은 나를 도와주지 않았다. 오히려 나를 폄하하고 상대를 도와주었다. 하지만 그분은 참으로 덕망이 높고 사리분별이 정확하시며 무엇보다도 실력이 뛰어난 존경받는 교수님이셨다.

나는 은근히 그 점이 좋아서 '어떻게 하면 저 교수님과 가까워질 수 있을까?' 그런 생각을 했지만 왠지 뾰족한 방법이 생각나지 않았다.

'그래, 부딪쳐 보는 거야. 내가 진정성을 가지고 대하면 언젠간 나의 진정성을 이해해주시겠지.'

그런 생각으로 어떻게든 그분과 가까워져야겠다는 맘을 먹었다. 그래서 어느 날 토요일 오전일과가 끝나는 시각에 연구실로 Y 교수님를 찾아뵈었다.

"Y 교수님! 오늘 저하고 점심이나 같이 합시다. 김치찌게 맛있는 집을 알거든요."

그 교수님은 처음엔 시큰둥했지만 자꾸만 권하자 마음이 움직였는지, 결국은 나와 점심을 같이 하게 되었다.

"Y 교수님! 오늘 점심에 응해주셔서 감사합니다."

교수님과 점심을 마치고 나는 부모님을 뵙기 위해 발걸음을 광주로 향했다.

그 다음 토요일에도 Y 교수님의 연구실로 찾아갔다.

"오늘은 팥죽을 한 그릇 합시다. 맛있는 집을 알고 있거든요."

"그럽시다."

저 건방진 사람이 왜 저러나 하는 마음도 있었겠지만 Y 교수님은 그날도 나와 함께 점심을 먹어주었다.

마찬가지로 식사가 끝난 후 나는 두 시가 되자 광주에 가야 한다며 자리에서 일어났다.

그러기를 8주째 되었나 보다.

"아니, 장 교수! 도대체 광주는 뭐하러 그렇게 부지런히 다니는 거요? 무슨 좋은 일 있소?"

두 시가 되어 광주에 간다며 자리에서 일어나자 Y 교수님이 궁금하다는 표정으로 물었다.

"아, 미안합니다. 저는 토요일이면 광주에 가서 부모님을 뵙습니다. 그게 한주를 마치는 저의 일과입니다."

"아, 정말 잘하십니다. 나는 멀기도 하지만 부모님을 자주 찾아뵙지를 못합니다."

"예, 저야 한 시간 정도면 가니까요."

나의 말을 듣는 순간 Y 교수님의 얼굴에 환한 빛이 가득했다.

고향에 계신 부모님이 그리워지는 듯 환해졌던 얼굴이 다시 어두워지기에 나는 Y 교수님에게 너무 미안하다는 생각이 들었다.

"똑똑하면 다 되는 줄 알고 세상 높은 줄 모르고 사는 줄 알았더니만, 선거를 치르려면 사람을 만나야 하는데 주일마다 광주에 간다는 게 보통이 아닌데…. 당신의 부모님에 대한 효성에 감탄했소."

나중에 Y 교수님은 나의 광주행의 뜻을 알고 내게로 마음이 기울어졌다고 말했다.

그날 이후로 Y 교수님과 나는 정말 가까워졌다. 가까워지기만 한 게 아니라, 그분은 진정으로 나의 굳건하고 믿음직한 동지가 된 것이다. 그리고 나의 두 번째 총장 도전이 성공한 것도 바로 그분의 큰 격려와 도움으로 이룰 수 있었다.

# 총장선거에
# 다시 도전하다

총장선거 출마에 대해서 여러 날 고심 끝에 어느 날 가까운 지인을 불러 말했다.

"이보게, 이제 총장의 꿈을 접으려네."

"예?"

이런저런 얘기 끝에 나는 총장의 꿈을 접겠다고 공식적인 의사표시를 한 것이다. 의외라는 듯 깜짝 놀란 얼굴로 나를 쳐다보는 그 지인에게 나는 차분하게 그 당시 나의 심정을 털어놓았다.

"그동안 나는 앞만 보고 살아왔네. 하지만 지난 총장선거를 통해 많은 것을 배우고 느꼈네. 또한 어머니의 병환도 이제 한 고비를 넘겼고, 아들도 재수 끝에 의대에 입학했으니 이제 더 이상 무얼 바라겠는가?"

그래서 이제 모든 걸 손에서 놓을 수 있고, 마음의 평화를 찾은 거라고 말해주었다.

"좋은 분이 있으면 다음 선거에 나서라고 하시게. 나도 적극 돕겠네."

"그래도 어디 그럴 수 있습니까?"

"아니네, 그동안 솔직히 마음이 무척이나 괴로웠네."

"저희들도 잘 압니다. 겉으로는 태연한 척하지만 속으로는 엄청난 갈등과 시련에 시달릴 거라고 생각했습니다."

"맞네, 그런데 이제 마음의 평화를 찾은 거라네. 그러니 내 진정성을 이해해주게."

그 심정은 진실로 나의 진심이었다.

"그동안 나는 세상의 모든 걸 잡으려고만 했네. 이제 그 꽉 쥐었던 손을 펴니 너무도 맘이 평화롭네. 지금까지 볼 수 없었던 세상이 다 보이네."

나는 주먹을 꽉 쥐었다 펴 보이며 푸른 하늘을 흘러가는 흰 구름처럼 마음이 가벼워졌다고 말해주었다.

"좋습니다. 하지만 아직 결단을 내리기에는 이릅니다."

"더 이상 여러 말 하지 말고 받아주시게."

나와 운명을 함께하자고 했던 동지이기도 한 그 지인은 못내 아쉬움을 떨쳐버릴 수 없다는 표정이었지만, 난 단호히 결정을 내렸고 그리하리라 마음을 굳혔다.

그런데 비우고 나니 채워진다는 말처럼, 나의 생각과는 달리 모든 일들이 전혀 예상치 않은 방향으로 진전되는 것이었다.

"이제 됐습니다. 당신을 돕겠습니다."

"젊은 나이에 너무 혈기왕성한 것 아니냐? 주변에서 그런 걱정도 많았습니다. 교수님의 인품이나 열정, 빼어난 능력은 의심할 여지가 없었지만…. 하지만 지난 일이 교수님을 더 깊고 넓게 만든 것 같습니다. 저도 돕겠습니다."

내가 그 당시 용기 있고 개혁적이었지만 급한 면도 있었던 게 사실이었다. 그런 나를 경계하기까지 했던 동료들이 하나둘 가까이 다가오기 시작한 것이었다. 쥐었던 손을 펴니 그 펼쳐진 손바닥에 썰물처럼 빠져나간 고뇌 대신 알찬 곡식으로 되돌아와 밀물처럼 채워지는 것 같았다. 내가 마음을 비우고 총장에 대한 꿈을 포기하자, 이제는 거꾸로 사람들이 모이기 시작한 것이다.

"다시 한 번 도전하십시오. 이번에는 지난번과는 다릅니다. 인간적인 수양까지 더 보태었으니 무엇이 부족합니까? 저희들과 함께 합시다."

지난번 선거에서 등거리를 유지하거나 반대편에 섰던 사람들이 더 적극적이었다. 정말 얘기치 않았던 일들이 일어나기 시작했고, 비워버린 마음속에 더 큰 용기와 신념이 용암처럼 끓어올랐다.

그 결과 2006년 두 번째로 도전한 국립순천대학교 총장선거에서 마침내 나는 당선의 영광을 안게 되었다.

그 무렵 2006년 내가 두 번째로 총장후보로 나섰을 때는 순천대와 여수대 통합논의가 한창 진행되던 때였다. 그런데 실제 여수대와의 통합이 성사되면 총장선거가 무산되는 판이었다.

그때 나는 이윤호 교수에게 물었다.

"순천대를 위해서는 여수대와 통합되는 것이 좋습니까? 아니면 통합이 안 되는 게 좋겠습니까?"

당시 이윤호 교수는 통합을 추진하는 기획단 일을 중심적으로 맡아보고 있을 때였다.

"순천대와 여수대가 통합되면 전남 동부권역을 대표할 수 있는 경쟁력이 훨씬 강화되어 국립대학이 새롭게 탄생하게 되고, 순천대와 여수대는 통합국립대를 통해 안정적인 발전을 이루어 나갈 수 있습니다."

이윤호 교수는 총장 출마하겠다는 사람이 왜 저런 질문을 하는 거지 하는 표정으로 정확한 답변을 해주었다.

"네, 그렇습니다. 순천대가 사는 길이라면 다음 총장선거가 없을지라도 꼭 이 일을 성사시키는 것이 좋겠습니다. 내가 총장이 되는 것보다 순천대 발전이 훨씬 더 중요하니까요."

내가 이렇게 말하자 이 교수는 깜짝 놀란 눈치였다.

그때는 내가 총장후보로 가장 유력시되었기 때문이다. 예상했던 대로 총장선거가 이루어져 내가 당선되었다.

그 후 언젠가 이윤호 교수가 이렇게 말했다.

"대의를 위해서 소아를 버리는 자세가 감동적이었습니다. 총장님이 좋아졌습니다. 열심히 돕겠습니다."

그렇게 기대가 컸던 대학교 통합문제는 여수대의 판단으로 여수대
가 전남대와 통합하는 것으로 마무리되었다.

# 내 손부터
# 잘라야

총장이 된 첫 해였다.

총장직을 수행하면서 때론 고민 끝에 큰 결단을 내리기도 할 때였는데, 어느 날 자연과학대학 해당학과 교수들과 의견을 나누게 되었다.

"대학은 교수를 위해서 있는 게 아닙니다. 학생 중심이 되어야 하고 수요자 중심의 학교가 되어야 합니다."

순천대학교에서 자연과학대학의 두 학과를 폐과하자고 제안을 꺼냈다. 한마디로 자연과학대학을 없애자는 말이나 다름없는 말이었다.

나는 자연과학대 학장을 지낸 사람이었기에, 누구보다도 나의 학문을 사랑하고 자연과학대학의 발전에 심혈을 기울이며 보람을 찾았던 사람이다. 그런데 그런 말을 꺼내자 해당학과 교수들은 너무도 어이가 없다는 듯이 처음엔 말문을 열지도 못했다.

"이유가 뭡니까?"

"말씀드리기 뭐합니다만, 우리 학생들에게 물리와 화학은 매우 어렵고 힘든 학문입니다."

"그렇다고 학과를 없애야 합니까?"

"제 말은 그 어려운 학문을 하는 우리 학생들에게 미안하다는 말입니다. 어렵기만 하고 향후 진로도 불투명하고, 별 성과도 얻지 못하는 그런 공부보다도 우리 학생들에게 맞는 실용학문을 배우도록 기회를 주자는 것입니다."

"총장님이 화학과 교수지 않습니까?"

"또 자연과학대 학장을 역임하시지 않았습니까?"

"그렇습니다. 그렇기에 누구보다도 실정을 잘 압니다. 그리고 물리와 화학이 대단히 소중하고 필요한 학문이라는 것도 잘 압니다. 그러나 우리 학교의 현실과 미래를 생각하지 않을 수 없습니다. 그래서 또 이런 생각을 한 겁니다. 심사숙고해봅시다."

"무슨 대책이 있는 겁니까?"

"대신 우리 학생들에게 맞는 새로운 단과대를 설립하기로 합시다."

자연과학대를 폐과하고 우리 학생들의 실력과 능력에 맞는 다른 단과대를 세우자고 간곡히 설명하고 설득했다.

내가 바로 화학과 교수 아닌가? 내가 선택하여 공부했고, 앞으로도 평생을 걸어갈 학문의 길이다.

그런데 내 스스로 나와 가장 연관이 있는 학과를 폐과하자고 주장하는 셈이 되었던 것이다.

어떠한 변화를 이루기 위해서는 내 손부터 잘라내지 않고선 그 목적을 이루기 어렵다고 생각했다. 우리 순천대학의 보다 나은 미래를 위해선 그렇게 내 손부터 잘라내는 아픔이 있더라도 과감히 결단을 내려야 한다고 생각했던 것이다. 없는 것을 만드는 것도 어렵지만, 있는 것을 없앤다는 것은 더 어려운 일이다.

학과를 폐과한다는 것은 학생들도 학생들이지만, 교수들의 생존권과 결부된 쉽지 않은 문제였다.

하지만 더 큰 발전을 위해선 반드시 필요한 선택이었기에, 결단을 내렸고, 대안을 마련하여 제시하였다.

"아주 없애자는 게 아닙니다. 더 큰 발전의 길로 나아가자는 것입니다."

"좋습니다. 그 발전의 길에 동참하겠습니다."

마침내 구성원들의 동의를 얻어냈고, 물리과와 화학과를 폐과하는 대신 새로운 단과대를 설립하였다.

모두가 함께 길을 걸어간다고 하자. 그때 눈앞에 호랑이가 나타나 모두의 생명이 위험에 직면했다고 하자. 그럴 때 지도자는 어떻게 해야 하는가? 호랑이와 싸워야 하는가? 후일을 도모한다고 피해야 하는가? 싸운다면 어떻게 싸워야 하는가?

평화 시에는 뒤에 서더라도 괜찮겠지만, 위험에 직면할 시는 누구보다도 앞장서서 그 위험을 현명하게 해결하는 게 바로 지도자의 덕목 중 하나라고 생각한다.

　십 년 이십 년 뒤의 우리 순천대학교의 미래상을 걱정하지 않을 수 없었다. 마음속의 생각만 가지고는 아무것도 할 수 없다는 결론에 도달했고 방안을 강구한 것이었다. 그리고 선택했고, 내 손을 잘라내는 아픔과 고통이었지만 결단을 내렸다. 그래서 새로운 대안을 마련하여 순천대학교의 발전적인 토대를 마련하였다.

# 자가운전

총장시절에 나는 특별한 경우가 아니면 관용차를 이용하지 않고 내 차를 직접 운전하여 출퇴근을 했다. 그런 나에게 간혹 관용차를 이용하는 게 좋겠다는 권유도 있었다.

"총장님! 관용차를 이용하시지 그러세요?"

그럴 때면 난 빙그레 웃으며 대답한다.

"난 9시부터 총장이오."

덴마크는 국회의원들도 대부분 자가운전으로 국회에 등원한다고 한다. 또 어떤 나라는 집무실까지 자전거로 출근하는 대통령도 있다고 들었다. 하지만 여기서 어느 게 옳고 그르냐를 따지는 것은 불필요한 논쟁일 수도 있지만, 자가운전을 하건 자전거로 출근을 하던 간에,

그건 그 나라의 사회문화적 여건과 전통 때문일 수 있는 거고, 어쨌거나 손수 운전이 자칫 더 많은 사람에게 불편을 끼치고 일의 효율성을 떨어뜨릴 수도 있기 때문이다.

하지만 나는 직접 운전하고 다닌 것이 편한 일이었다.

총장이라는 직위 때문에 수행하는 사람의 도움을 받아 움직이는 경우도 많지만, 내 자신이 스스로 할 수 있다는 것이 얼마나 고맙고 감사한 일인가?

식당이나 어느 모임에 갔을 때 비서들이 내 신발을 챙겨주는 경우도 있다. 내가 항시 같은 디자인, 같은 색깔의 신을 신는 것도 다 이유가 있다. 자주 신발을 바꿔 신으면 신발을 찾는 데 얼마나 불편한 일인가?

그렇게 항시 같은 색깔, 같은 디자인의 신발을 신으니까, 어디서든 금세 내 신발을 찾을 수 있어서 참 좋지 않은가?

우리 사회는 체면과 관행을 너무도 중시하는 경향이 있다.

어디 모임에 갈 때는 옷차림도 그런 자리에 맞게 갖춰 입어야 하고, 음식을 먹을 때도 그냥 상다리가 부러지게 넉넉하게 차려놓아야 한다. 그래야 잘 나가는 사람같이 보이고, 손이 크고 대인 같다는 말을 듣기도 한다.

아무리 배가 고파도 그릇에 담긴 음식을 다 먹어선 안 된다. 그래서 음식 그릇에는 항시 음식이 조금씩 남겨지기 마련이다. 만일에 음식 그릇에 음식이 조금 남으면 아무도 그 음식에 젓가락을 가져가지 않는다. 그 남겨진 음식을 먹는 걸 체면 구기는 걸로 생각하기 때문이다.

낭비와 허례허식이 미덕으로 칭송되는 웃지 못할 우리 사회의 잘못된 관행 중의 하나이다.

차도 마찬가지다. 관용차의 대부분이 검은색이다.

배기량이 크고 좋은 차를 타고 다녀야 어디 가서도 대접을 받는다.

관청에 갈 때나 특별한 용무로 호텔이나 식당, 어떤 회의장이 있는 건물에 들어갈 때도 마찬가지다. 좋은 승용차, 큰 차를 타고 들어가야 안내를 받고 대접을 받는다.

그러다 보니 자연히 허세가 생기고 과소비를 하게 된다.

우리의 관행과 좋지 않은 습성은 하루빨리 버려야 하지 않을까?


나는 이따금 교내를 걷다가 쓰레기가 보이면 서슴지 않고 줍는다. 잔디밭에 잡초가 보이면 뽑는다. 캠퍼스 안의 연못에 살고 있는 잉어와 붕어들의 먹이도 챙겨주는 게 즐겁다.

내가 할 수 있는 일, 지금 곧바로 할 수 있는 일이면 직접 해야 한다고 생각하기 때문이다. 토요일, 일요일에 시간이 나면 학교에 나와 이곳저곳 둘러보기도 좋아했다.

어디 불편하고 위험한 곳이 있는가? 시설물을 살펴본다.

물론 그런 일을 맡은 직책을 가진 사람이 있을 뿐더러 또 잘하고 있는데, 내가 그 사람들을 못 믿어서가 아니다.

총장이라고 누구에게 지시만 하는 그런 사람이 되고 싶지 않아서

나 스스로 찾아다녔을 따름이다.

총장도 구성원의 한 사람으로서, 눈에 보이는 일, 자신이 곧바로 쉽게 할 수 있는 일은 해야 하는 것이다.

총장뿐만이 아니다. 잘못된 걸 보면 자신이 먼저 해결하고, 더 좋은 방책을 마련해야 한다고 생각했기 때문이다.

아무튼 나는 내가 몸담고 있었던 순천대학교를 무척 사랑한다. 그래서 쓰레기 하나, 잡초 하나를 줍고 뽑으며 그 사랑을 실천하는 것이다.

위대한 일이라고 꼭 큰일만 하는 것이 아니라고 생각한다.

나는 확신한다. 결재판에 도장이나 찍고 이것저것 지시하고 결정하는 일도 성실히 해야겠지만, 주변의 사소하고 작은 일에도 먼저 앞장서서 하는 것이 내가 순천대를 사랑하는 것이라고 생각했다. 그게 자신을 사랑하고 이웃을 사랑하고 나라와 민족을 사랑하는 첫걸음이라고 생각한다.

# 버스 안에서
## 교육하다

우리 어릴 적엔 밥상머리 교육을 받으며 자랐다.

어른이 먼저 밥상에 앉아야 아이들도 자리에 앉았다. 발을 쭉 뻗고 앉아도 안 되었다.

어른이 먼저 음식에 젓가락을 댄 뒤에야 아랫사람이 먹을 수 있었다. 맛있는 음식에 자주 젓가락이 가면 부릅뜬 어른들의 눈총을 받기도 일쑤였다.

또 음식을 소리 내어 먹어도 안 되었다. 물을 마실 때도 그랬다.

밥알을 흘리거나 음식을 뒤적뒤적 거리면 불호령이 떨어지기도 했다. 어쩔 땐 집안 내력부터 작은 행실에 이르기까지 꼼짝없이 붙들려서, 다리에 쥐가 날 때까지 밥상머리 교육을 받아야 했다.

때로는 그 밥상머리 교육이 너무 길어서 불필요한 잔소리로 들릴 때도 있었지만 말이다.

이렇듯 어린 시절의 집안교육은 장유유서가 분명했고 몸가짐을 흐트려서는 안 되는 것이었다.

시대적으로 대가족 시대였기 때문에 그런 교육이 가능했고, 또 그게 집안의 가풍으로 존중되기도 했다. 농본주의 사회였기에 함께 모둠 농사를 짓고 살아가야 했기에 가능했던 것이다.

그러나 요즈음은 어떤가?

대가족의 질서는 무너지고 핵가족 시대를 지나, 이제는 개인주의 시대가 되고 말았다. 한집에 살아도 각자의 할 일이 다르고, 장소가 다르고, 시각이 다르게 변화하고 말았다. 함께 밥상에 앉아 밥을 먹는다는 게 좀처럼 쉬운 일이 아닌 세상이 되고 만 것이다. 그게 누구의 탓이 아니고, 시대의 흐름을 거스르지 못하는 대세가 되고 말았다.

나는 밥상머리 교육을 받고 자랐지만, 우리 아이들에게는 밥상머리 교육을 시킬 시간과 공간이 없어진 것이다.

그렇다고 우리 조상들의 그 현명한 교육방법이었던 밥상머리 교육을 쉽게 잊을 수는 없다.

전혀 방법이 없는 게 아니다. 필요는 발명의 어머니라고 하지 않던가?

순천대학교에 재직하던 시절, 지난 20여 년간 토요일이면 광주에 계신 부모님을 뵈러 가는 길이 나에겐 큰 기쁨이었다. 부모님이 계신

다는 게 자랑이고 행복이었을 뿐만 아니라, 바로 그 시간이 또 내가
자녀교육을 하는 좋은 시간이었다.

밥상머리 교육이 아닌 상광(上光) 버스 교육이라고 할까?

순천에서 광주까지는 1시간 30여 분이 걸렸다. 그냥 무료하게 앉
아가는 것보다 내 아이들하고 세상사부터 갖가지 얘기를 나누기도
하고 학문에 이르기까지 토론하는 그 시간이야말로 모처럼 부자지간
의 정도 나누고 교육도 시키는 일석삼조의 소중한 시간이었다. 또 내
아이들은 설사 나와의 대화가 싫더라도 좁은 차 안에서 어디로 도망
갈 수도 없지 않는가?

꼼짝없이 나에게 붙들려서 대화를 나누어야 하는 아이들의 표정을
살피는 것도 짓궂은 나의 즐거움이기도 했다.

'훗날 아련하고 행복한 추억이 될 거야.'

짐짓 그런 생각을 하며 아이들과 함께하는 버스 교육은 우리 가족
에겐 참으로 행복하고 소중한 자리였다.

"자, 오늘은《명심보감》에 있는 말을 가지고 이야기해보자."

"지난번 배운 건 복습 안 해요?"

"안 하긴? 해야지. 그래, 그럼 지난주에 배운 것부터 말해보렴."

그렇게 나는 아이들에게《명심보감》부터 시작해서《논어》와《맹
자》에 이르기까지 함께 공부하고 토론을 했다. 기초학문은 물론 실용
학문이며, 사회문제, 시사에 이르기까지 다양한 내용이 토론과 학습
의 대상이 됐다.

나는 교육에 대해서 항상 이렇게 생각한다.

아이들에게 가르치기 전에 내가 먼저 철저하게 학습하고 익힌다. 그 과정에서 어떤 점이 좋고 방향이 옳은가를 체득한 다음, 그걸 토대로 아이들에게 전달하는 것이다. 내가 먼저 해보았기에 진행과정을 잘 알고, 목표에 도달하는 적절한 지점을 잘 포착한다는 이점이 있어서다.

공부는 물론이요, 바둑 같은 여가활동이나 테니스 탁구 등의 스포츠도 내가 먼저 익힌 다음 아이들에게 익히도록 했다.

그리고 아이들에게 실수와 잘못을 엄격하게 구분하도록 했다.

실수는 용서했지만 잘못은 관용 대신 회초리를 들었다. 자주 들지는 않았지만, 내 회초리는 사정을 두지 않았다. 몸과 마음으로 잘못을 느껴야 한다는 심정으로 매서운 회초리가 되도록 했다.

과거의 잘못은 따지지 않았지만, 되풀이되는 잘못은 결코 용서치 않았다.

그렇게 잘못에 대해 엄격한 잣대를 적용하는 것은 그 잘못된 행동이 나 자신뿐만이 아니라 타인에게도 피해를 준다는 것을 깨닫게 하기 위해서였다.

# 신문고를
# 울립니다

2009년 8월의 일이다.

이명박 대통령이 여수를 방문한다는 소식을 듣고, 그 자리에 참석할 수 있는 기회가 되어서 나는 그 기회를 호기로 활용할 계획을 세웠다.

순천대 발전방향을 위한 글로벌 특성화대학 광양캠퍼스 계획안을 2쪽짜리로 만들어 가슴에 품고 의기양양하게 면담 날을 기다렸다.

그런데 아뿔싸! 이게 무슨 낭패란 말인가?

면담 자리에 참석하기 전 몸수색을 통해 그 문건을 빼앗기고 말았다. 나는 대통령과의 면담장에서 이럴까, 저럴까, 갖가지 궁리를 했지만, 어떻게 해볼 수 없는 상황에서 꼼짝 못하고 있었다.

"이상으로 마치겠습니다."

사회자의 소리에 정신이 번쩍 들었다. 그 순간 나는 자리에서 벌떡 일어났다.

"대통령님! 신문고를 울리겠습니다!"

나는 쩌렁쩌렁한 목소리로 외쳤다.

그러자 문쪽으로 나가던 이명박 대통령께서 뒤돌아서더니, 나를 쳐다보았다.

그 순간 장내는 숙연해졌다. 마치 폭풍우가 밀려오기 직전처럼 팽팽한 긴장감이 넘쳤다. 모두가 대통령과 나의 얼굴을 번갈아 쳐다보았다.

"그래, 말해 봐."

'옳지 됐다. 이 천재일우의 기회를 놓칠 수 없다.'

맘속으로 몇 번이고 되뇌었던 말을 간절한 염원을 담아 토해냈다.

"대통령님! 우리 순천대학교 글로벌 특성화대학 광양캠퍼스를 설립하고자 합니다. 이는 급격한 고등교육환경 변화에 능동적으로 대처하기 위함이며 국제적으로 통용되는 우수 인재육성 등을 목적으로 광양캠퍼스 조성을 추진 중에 있습니다.

광양캠퍼스를 설립함으로써 대학과 지방자치단체 간 연계체제 구축 강화에 기초한 캠퍼스 설립으로 지역과 대학 간 윈-윈(Win-Win) 사례의 세계적인 모형을 제시하고자 합니다. 지방 국립대학의 경쟁력 강화와 생존을 위한 자구노력에 과학기술부의 적극적인 협조가 매우 절실합니다. 대통령님! 도와주십시오."

한 40초 정도의 짧은 시간이었지만 나는 할 말을 다했다. 앓던 이를 뺀 것처럼 시원했다.

"그래, 알았어. 알아볼게."

대통령께서는 고개를 끄덕였다.


그렇다, 옳다고 생각하는 일에는 혼신의 힘을 다한다. 그래야 직성이 풀린다. 순천대학교 글로벌 특성화대학 광양캠퍼스는 순천대학교를 살리는 일이라고 확신에 찬 나의 행동이었다.

먼 미래의 순천시를 위하고 순천대학교를 위해 대비하는 최상의 방안이라고 확신했기 때문이었다. 무엇보다도 우리 학생들을 위하는 일이고 지역 발전의 원동력이 되는 일이다.

결코 포기하거나 소홀히 할 수 없는 일이다.

순천대학교 분교인 글로벌 특성화대학 광양캠퍼스는 광양시 마동에 10만 5,750제곱미터 면적의 부지에 세울 예정이다. 본교와의 거리는 약 19킬로미터로 버스로 약 30여 분의 시간이 소요된다.

개설학과는 조선해양공학, 제철금속공학, IT융합공학, 친환경에너지공학과 등 4개 학과로, 모집연도는 2010년으로 학부생 120명을 예정하고 있었다.

재원은 광양시 지원금 258억 원 및 국고 또는 민간투자 등 총 시설사업비 338억 원을 예상하고 있고, 향후 10여 년간 광양시에는 총 1천억 원의 MOU를 체결하고자 투자할 계획이다.

이런 천재일우의 기회를 놓친다면, 순천대학교는 물론 지역을 살리고 무엇보다도 우리 학생들에게 미래에 대한 확신과 꿈을 키워주는 절호의 기회를 놓치고 마는 것이다.

호소하건대 우리 모두가 상생하는 순천대학교 광양분교 설립에 동참하자는 마음의 신문고를 크게 울려주기 바랄 뿐이다.

# 평등

나는 이 세상 만물이 다 평등하다고 생각한다.

이 세상 모든 생명체와 자연물에 다 격이 있고, 평등하게 존중받아야 한다고 생각하는 것이다.

그렇다고 획일적으로 다 똑같이 대하는 것은 아니다. 특히 교육에 있어서는 그렇다.

교육에 있어서의 평등은 사람마다 다른 개성과 특기를 인정해주는 것이다. 바둑을 잘 두는 사람에겐 그 특기를 인정해주고, 운동에 소질이 있는 사람에겐 그 방면의 특기를 존중해주는 것이다. 바둑을 잘 두는 사람에게 운동을 왜 못하느냐고 나무라서는 안 된다.

저마다의 특기를 살려 발전하도록 도와주는 것이 바로 교육이다.

그게 바로 교육기회의 평등이고 인간 삶의 평등과도 결부된다.

또한 교육에 있어서 또 하나의 중요한 과제는 개인의 개성과 특기를 어떻게 찾아내고 발전시켜주느냐 하는 것이다. 그 개인의 개성과 특기를 평등하게 존중하여 스스로 계발하고 발전시킬 수 있도록 길을 열어주는 것도 중요한 교육방법이다.

이 세상에는 직업이 수십만 가지가 있다고 한다.

동전을 씻어주는 직업이 있는가 하면 상갓집에서 대신 슬프게 울어주는 직업도 있다. 요즘엔 이발소나 양복점, 구둣방 같은 직업이 점차 사라지는 대신 노령화 사회에 필요한 각종 직업이 우후죽순처럼 불어나기도 한다.

사회가 첨단화되어가고 복잡해질수록 그 직업의 숫자도 늘어나고 다양해질 것이다.

그런데 우리나라는 아직도 전통적이며 구태에 가까운 사고가 잔존하고 있기에, 어떤 면에서는 현재도 직업에 대한 귀천을 따지는 풍토가 여전히 남아있다.

화이트칼라냐 블루칼라냐를 따지기도 하고, 아파트 평수, 자가용 배기량, 급여의 액수로 신분의 차이를 매기면서 사람을 평가하기도 한다. 입으로는 평등을 말하면서도 실제로는 불평등을 즐기는 경우라고 할 수 있다. 그건 안 된다고 생각한다.

이 사회의 평등, 인간의 평등, 특히 교육의 평등이 무너지면, 그 사회는 파멸의 길을 걷는다고 생각하기 때문이다.

누구든 간에 자신의 개성과 특기를 존중받으며, 평등한 입장에서 대접받아야 한다. 우리 교육은 그렇게 지향점을 잡고 나아가야 하지 않겠는가?

나는 때때로 업무상 원거리 출장을 갈 때가 많았다.

"다음은 저녁식사 자리입니다."

"알았네. 거긴 나 혼자 갈 테니, 이제 숙소에 가서 편히 쉬게."

공식 업무가 끝나면 수행차 함께 간 직원에게 자유롭게 휴식을 취하라고 한다. 공적인 업무가 아닌 저녁식사나 모임은 혼자 간다. 그리고 정식 근무시간이 아닐 때는 이동할 때도 되도록 자가운전을 한다.

총장의 권위보다는 우리 모두가 평등한 입장에서 살아가자는 생각이 행동을 위한 첫걸음이라고 보기 때문이다.

내가 먼저 쓸데없는 권위의식, 허례허식을 벗어 던지고 공평하게 행동함으로써, 내 주위 사람들도 그들의 하급자들이나 주위 사람들에게 공정함을 보여줄 거라는 생각에서다.

나의 사고나 눈높이를 정확하게 하지 않고 어찌 세상을 평등하게 볼 수 있을 것인가?

평등은 말로 하는 게 아니고 실천으로 하는 것이다.

이 세상을 평등하게 보고, 각자의 개성과 특기를 평등하게 대할 때, 이 사회는 발전하고 진보하는 것이다. 우리 학생들의 장점을 찾아주고, 그 개성과 특기를 발전시켜주는 데 지혜를 모으고 열정을 쏟아야 할 것이다.

# 노블리스
# 오블리주

내가 살아가는 데 생활신조로 삼은 것 중의 하나가 '노블리스 오블리주'이다.

이 말은 사회적 지위와 명예를 누리려면 그에 걸맞은 행동과 사회적 책무를 다해야 한다는 의미로 알고 있다. 사회적 지위와 명예가 있으면 권력과 돈을 탐하지 말고 명예와 지위에 걸맞은 도덕적 정의실현과 사회적 책무를 다해야 한다는 말일 것이다.

지금까지 살아오면서 대학총장까지 하고 있으니, 내가 돈을 탐해선 안 되고 총장이라는 지위를 권력으로 생각하지 말고 봉사하는 자리로 생각하며 행동하라는 나의 신념이 항상 가슴속에 자리하고 있었다.

나는 대학시절에 학생운동을 했으면서도 선두에 서지 못할 때가 있었다. 친한 친구들이 감옥에 끌려갈 때도 나는 대학원 진학이라는 명분 때문에 그 친구들과 같이 행동하지 못하기도 하였다.

하지만 민주화를 위해 많은 사람들이 희생하고 몸 바치고 있는데 이들을 위해 내가 무엇을 해야 할 것인가? 수없이 고민했다.

1989년 5월 전교조가 결성되었다. 1,500여 명의 교사들이 해직되는 교육대학살이 이루어졌다. 내가 있는 순천대학교에서는 전교조 선생님들을 지키자는 집회가 연일 열렸다.

"우리 선생님들을 돌려주세요."

특히 어린 중고생들이 절규할 때 나도 가슴이 뜨거워졌다. 순천에서만 해직된 선생님이 20여 분이 된다고 하였다.

당시 내가 가입하고 있었던 민주화를 위한 전국교수협의회 소속 교수들은 전교조를 지지하고 엄호하기 위해 전교조에 가입했다. 그들이 탄압받고 있었기에 나는 망설임이 없었다.

나는 참교육을 위해 헌신하고 고난받는 이들과 함께하는 동지적 연대감으로 미력하나마 힘이 되고자 전교조에 가입한 것이다. 중등학교에 근무하고 있는 집사람도 이미 가입하였다. 부부 전교조 조합원이 된 셈이다. 그 당시 내 숙부님도 교수노조 조합원이고 숙모님은 목포 정명여고에서 해직되셨다.

1994년 전교조 선생님들이 복직되기까지 별다른 활동은 못했지만 꾸준히 회비를 납부하였다.

2001년 전국교수노조가 결성되자 2006년 총장이 되기 전까지 교수노조조합원으로 활동하였다. 민교협과 교수노조 회원이 되면서 각종 사회적·민족적 현안이 발생할 때마다 주저없이 참여하고 발언하였다.

2000년 7월 국가보안법 폐지 교수선언을 비롯하여, 2003년 10월 송두율 교수 석방 촉구선언, 2005년 사립학교법 개정 서명, 2006년 5월 민주노동당지지 교수선언에도 적극적으로 참여하였다.

순천대 총장에 재임 중인 2008년 6월에는 6·15공동선언, 10·4선언 이행 및 남북관계개선을 위한 선언에 참여하였고, 2009년 5월에는 미국 쇠고기 수입협정 파기촉구 교수선언에도 참여하였다.

2009년 5월에는 노무현 대통령 국민장 장의위원으로서 국민들과 슬픔을 함께하였다.

주변의 많은 분들이 내가 총장으로서 각종 시국선언에 참여하는 것이 걱정된다고 우려하셨으나, 나는 이러한 내 행동이 당연한 것이라고 생각했다.

비록 작은 행동으로 사회참여를 실천하는 일이었지만, 이 또한 한 시대를 이끌어가는 지식인들의 '노블리스 오블리주'가 아니겠는가 하고 생각하였다.

# 순천대학교 특성화 방안

　'위기는 기회'라고 한다. 그리고 그 위기가 닥치기 전에 미리 대비하는 건 최상의 지혜이고 대책이다.

　순천대학교는 개교 이래 수만 여 명의 인재를 배출하며 이 지역의 명문대학교로 자리 잡았다. 그러나 산업화에 따른 시대의 변화와 인구감소에 따른 학생 수의 감소로 학교의 미래가 불투명해질 수 있다는 우려의 목소리도 일었다. 그렇게 커다란 위험요소가 명약관화한데 두 손 놓고 강 건너 불 보듯 있을 수만은 없었다.

　"이대로 있어선 안 됩니다. 대책을 마련하고 과감하게 추진해나가야 합니다."

　어떤 사람들은 나보고 어려운 일에 무모하리만치 과감하다고 말하기도 하고, 고집이 세고 독선적이기도 한다고 말하기도 한다.

순천대학의 살 길이 무엇인가를 고민하고 실천하는 과정에서 엄청
난 저항에 부딪치기도 했다. 나를 비난하고 비방하는 대자보가 거리
에 나붙기도 하고 시위를 하기도 했다. 마치 내가 순천대학교를 망치
는 주범이라도 되는 양 범죄자 취급을 받기도 했다.

하지만 일을 마치고 난 뒤에는 그 일에 대한 나의 판단이 옳았고, 그
일의 성공적인 결과가 과감한 추진력이 원동력이었음을 공감하였다.

"이걸 그대로 두면 후대에 욕을 먹습니다. 욕을 먹는 게 두려워서
가 아니라 그걸 알고도 은근슬쩍 넘어갈 수가 없는 것입니다. 아무리
힘들고 어려워도 우리가 해야 합니다."

순천대학교를 사랑하고 그 미래를 생각하는 뜻 있는 많은 분들이
차츰 공감을 표시하였다.

그분들과 함께 순천대학교의 더 나은 발전 방안을 위해 논의하고
토론하며 심사숙고를 거듭하였다. 그러는 가운데 여러 가지 발전 방
안이 나왔고, 우리는 그걸 정리해 종합적인 계획을 세웠다. 그것은 순
천대학교의 특성화 방안이고, 또 하나는 광양에 순천대 분교격인 글
로벌 특성화대학을 설립하자는 것이었다.


먼저 순천대학교의 특성화 방안이 무엇이며 어떻게 추진하자는 것
인지를 설명하자면 다음과 같다.


첫째, 바이오산업 분야를 특성화하자는 것이다.

순천대학교의 강점 분야 중 하나인 농업 분야와 생명 분야 간의 융합연구를 활성화함으로써 바이오산업 분야를 특성화하고, 특히 광역경제권 사업에서 호남권 선도사업으로 지정된 신재생에너지 분야의 하나인 바이오에너지 분야 연구를 강화하여 대체에너지 개발 및 사업화를 촉진하자는 전략이기도 하다.

또한 세계 일류 수준의 IT기반 첨단농업교육센터를 구축하고, 그 기술이 접목된 농축산물 생산 및 가공, 유통 시스템을 구축하여 농업 생산성과 식품안정성을 향상시키는 것이다.

순천대학교는 이미 2007년부터 전반적인 학사 구조조정을 통해 '생명산업과학대학'을 설립하였고, 바이오 분야의 교육 및 연구 역량을 결집하여 발전을 선도할 준비를 완료한 상태이기도 하다.

둘째, 문화예술 분야의 특성화다.

21세기는 '문화'의 사회로 국민소득 3만 불 시대를 맞아 문화, 예술이 가장 중요한 이슈로 대두될 것이다. 특히 순천은 문화예술에 대한 관심이 매우 높은 도시이고, 2012년 여수엑스포를 통해 친환경 생태도시 이미지 부각과 함께 문화예술의 메카로 발전할 수 있는 호기를 맞고 있었다.

따라서 문화예술 중심마을 '순천 아트밸리-순천대학교 아트스쿨' 구축사업, '디자인 순천' 사업 등 학교와 지자체 간의 협력을 통한 다양한 문화예술 행사를 하여 국제 수준의 예술제로 발전시킬 것인 바, 우리 예술 관련 학과들이 대부분 신설학과로 국제적 감각을 갖춘 젊고 유능한 교수들로 인적자원이 확보되어 있기도 했다.

셋째, 교사양성 분야의 특성화다.

순천대학교 사범대학은 전남 유일의 사범대학으로 이미 전국적인 경쟁력과 지명도를 가지고 있으며, 우수교사 양성은 교육문화도시 순천의 이미지 제고는 물론 대학-지자체 간 협력을 통한 시너지 효과를 얻을 수 있다.

우리 국민의 교육에 대한 열정은 세계 최고 수준이다. 교육시장은 지속적으로 성장하고 있으며 순천대학교가 그 우수한 교사양성을 담당함으로써 우리 대학에 대한 이미지 개선과 선호도가 확대될 것이다.

또한 부설학교 설립 추진으로 교육과 연구와 실습의 장을 마련함으로써 우수교사를 양성함은 물론 국내 미래 교육환경에 대비하여 복수전공 활성화, 영어교육 능력 배양 등 배출 교원의 교수능력 강화에도 큰 몫을 담당하게 될 것이다.

"이러한 우리의 노력은 멈출 수 없는 시대의 요구이고 우리의 사명입니다."

"그렇습니다, 총장님!"

"함께합시다. 순천대학교를 살리고, 이 지역을 살리고, 우리 교육의 발전을 위해 신명나게 일해봅시다."

그렇게 순천대학교의 발전 방안은 우리 모두의 합심에서 출발했고 역동적으로 추진되고 있었다.

# 위기를
# 기회로

총장시절에 간혹 마음이 집중되지 않고 흔들릴 때면, 나는 책 속에서 진리를 구하고 평정심을 찾고자 했다. 그 당시 내가 심도 있게 읽었던 책 중의 하나가 프란체스코 알베로니의 《지도자의 조건》으로, 이러한 메시지를 담고 있다.

'지도자는 무엇보다도 먼저 꿈을 지니고 구성원에게 희망을 주어야 한다. 공동체의 계획과 꿈을 실현하기 위해 필요한 수단으로 권력을 추구해야지 권력 자체가 목적이 돼서는 안 될 것이다. 지도자가 올바르고 객관적이고 공정하려고 노력했을 때, 그 조직은 건실해지며 나아가 지도자의 창의적 열정과 깨끗함에 근거한 강한 추진력이 주위의 모든 것을 개선하고 발전시킬 수 있다.'

내가 총장직을 맡아서 고강도의 순천대학교의 발전 방안을 마련하고 추진한 배경이 또한 그렇다. 그러한 과정에서 현실에 안주하고자 하는 일부의 반대도 있었고 저항도 뒤따랐지만, 나는 결코 굴하거나 흔들리지 않았다. 나의 목표는 확실했고, 순천대학교를 사랑하는 나의 열정이 진정으로 순수했기 때문이다.

순천대학교의 발전 방안을 수립한 배경은 다음과 같다.

그 당시 우리나라의 인구추이를 보면 2015년을 기점으로 대학입학자원이 급감하게 된다. 2015년 전국 고등학교 졸업생 수 70만 명에서 2026년에는 40만 명 수준으로 떨어진다는 것이다. 그렇게 입학자원이 급감하는 시기에 우리 순천대학교의 존립 자체가 위협을 받게 될 수 있다는 것이다.

그것은 순천대학교 신입생의 약 70%가 전남의 동부권에서 공급되고 있는데(전남 동부권 학령인구: 2009년 1만 3,691명 → 2020년 8,399명), 취업문제 등 여러 이유로 이 지역의 우수 입학자원이 광주나 수도권 등 외지로 빠져나가고 있다. 현 상황이 앞으로도 지속된다면 순천대는 바로 신입생의 급감과 함께 급격한 학력저하에 직면하게 되고, 그런 결과로 인근 대학에 흡수되거나 폐교의 상황에 몰리게 될 것은 불보듯 뻔한 일이었다.

이런 점을 감안하여 총장에 당선되자마자 2007년도에 대학 내 학과재편을 고강도로 단행하였고, 대학의 경쟁력 강화의 초석을 마련하였으나, 아직 그 정도로는 미흡하고 항구적인 대책이라 할 수도 없는 것이다.

정부의 대학재정 지원방식이 취업률, 장학금지급률, 교원확보율 등 포뮬러방식으로 전환됨에 따라 대학재정 확보와 생존발전을 위해선 지자체나 기업 등 외부와의 협력관계를 통한 발전 방안 모색이 필수적이다.

따라서 순천대학교의 학과재편이나 특성화 방안만으로는 미흡하여 우리는 광양에 분교인 글로벌 특성화대학 광양캠퍼스를 설립하고자 총력을 기울였던 것이다.

그것은 지역 국립대학의 위기상황에서 그 위기를 극복하고 생존하기 위한 필수적인 선택이며 성장동력이라고 할 수 있다. 하지만 위기를 위기로 보지 못하는 단견과 지역이기주의에 매몰된 편협된 사고가 존재하고 그로 인해 현재 순천대 발전 방향은 잠시 표류하고 있을 뿐이다.

그렇지만 우리는 좌절하거나 중도에 멈출 수가 없다. 우리는 그동안 진정성을 갖고 객관적이고 과학적인 접근으로 시민과 학부모, 정치인, 행정가, 기업인, 학계, 종교계 등 각계각층의 사람을 만나고 의견을 수렴하였다. 대화와 설득을 통해 순천대학교의 희망찬 미래의 발전방향에 동참해줄 것을 호소하였다.

그런 결과로 지역 여론 및 반응이 좋아지고 있고, 결국 순천대학교는 이 지역의 중심 대학으로 우뚝 서리라는 것을 한 점 의심치 않았다.

그 일의 실현을 위하는 일이라면 나는 어디든 열과 성을 다하여 뛰어다녔다. 관계기관은 물론이요, 국회의원을 비롯하여 수십 명의 정치인을 만났다. 교과부를 내 집 드나들 듯했으며 청와대도 방문하였다.

그리하여 학교를 세울 광양시와 MOU도 체결하여 600억의 예산을 확보하였고, 교육과학기술부의 허가가 났으나 '숟가락 하나라도 순천 밖으로 가게 해서는 안 된다.'는 강력한 저항에 부딪쳐 현재 아쉽게도 설립안이 보류되어 표류하고 있다.

당시 이 지역 국회의원을 만나러 국회에 갔을 때다. 이런저런 사유로 만날 수가 없어서 나는 회의장까지 쫓아갔다. 10분 정도 기다리면 될 줄 알았는데, 무려 2시간을 기다려야 했다. 회의장은 기자들로 북적였고, 다리도 아프고 했지만 어디 앉아있을 만한 장소도 없었다.

"총장님! 이거라도 깔고 앉으시지요."

수행원으로 함께 간 직원이 신문지를 구해와 나에게 바닥에라도 앉아서 쉬라고 했다. 하지만 나는 '그럴 수 없다. 아무리 다리 허리가 아파도 순천대학교 총장이 그럴 수 없다.'며 끝까지 꼿꼿하게 서서 국회의원을 기다렸다.

그것은 대학총장의 자존심의 문제뿐만이 아니라 일을 바라보고 추진하는 나의 결심이 확고했기 때문이었다. 어떤 경우에도 굴하지 않고 반드시 추진하고 말겠다는 나의 의지의 표현이기도 했다.

순천대의 분교인 글로벌 특성화대학 광양캠퍼스는 결코 순천의 발전을 가로막는 장애물이 아니다. 순천대의 약화를 가져오는 요인이 아니고 상생발전의 시너지 효과를 가져오는 일이라고 확신했다.

말 그대로 '황금알을 낳는 최상의 방안'인 것이다.

그렇다면 왜 글로벌 특성화대학 광양캠퍼스는 설립되어야 하는가? 이해를 돕기 위해 그 추진 배경과 목적을 설명하면 다음과 같다.

첫째, 국제적 경쟁력을 갖춘 광양만권 육성을 위한 미래지향적 교육, 연구 인프라를 구축하기 위함이다. 동북아의 거점으로서 광양만권 발전을 위한 지식과 기술을 집적할 수 있는 선도대학을 육성할 필요성 때문인 것이다.

둘째, 21세기 동북아 시대를 대비한 광양만권 중심의 대학을 육성할 필요가 있기 때문이다.

남해안 선벨트(Sun-Belt)와 남중(南中)경제자유지역의 중심축으로서 지식과 기술을 집적할 수 있는 거점대학 육성이 요구되며, 지방의 국제화를 전략적으로 추진하기 위한 글로벌 고등인력 양성 및 싱크탱크(Think-Tank) 역할을 담당할 중심 대학 육성의 필요성에 따른 것이다.

셋째, 광양만권 지역 활성화를 위한 산학관(産學官) 협력체제 확대의 필요성 때문이다. 광양만권의 세계적인 철강, 물류, 조선산업 등을 배경으로 한 산학관의 협력 인프라를 구축하고, 국내외의 저명 학자를 교수로 초빙하여 교육과 연구의 국제화를 추진하며, 대학과 지방자치단체 간 연계체제를 구축하고 강화하여 지역과 대학 간의 윈-윈(Win-Win) 사례의 세계적인 모형을 제시하고자 함이다.

# 천재일우의 기회는
# 두 번 오지 않는다

흔히들 사람의 일생에는 세 번의 기회가 있다고 한다.

누구든 준비하고 기다린 자는 그 기회를 붙잡아 성공적인 일생을 보낼 수 있을 것이다. 기회가 닥쳤을 때에야 비로소 서두른다면, 그 기회는 나의 것이 되지 않고 그냥 허망하게 떠나버릴 수도 있을 것이다.

또한 우리가 살아가면서 어떤 것이 기회이고 언제 왔다가 언제 떠나갔는지 모르는 게 허다하다. 먼 훗날이 지나서야 알게 되는 것이 평범한 사람들의 인생인지도 모른다.

순천대학교가 위기를 기회로 만들기 위해, 보다 나은 미래지향점을 찾기 위해 발전 방안을 모색한 것은 바로 그 기회를 실기하지 말자는 것이었다.

순천에서 광주까지는 74킬로미터이다. 그리고 진주까지는 70킬로미터이다. 전라도보다 경상도가 더 가깝다는 말이다. 부언하자면 광양에서 진주는 더 가깝다.

순천대학교가 광양에 분교를 세우는 걸 망설이거나 포기한다면 어떤 결과가 있을지는 자명한 일이다.

광양시는 진주의 경상대학교와 손을 잡을 것이라는 생각이다. 실제로 경상대학교가 그런 계획을 가지고 추진하고 있는 걸로 알고 있다.

만일 그런 현실을 외면하고 망설인다면 우리는 닭 쫓던 개 지붕 쳐다보는 신세처럼 썰물처럼 빠져나가는 인력수요를 막지 못하고 스스로 자멸의 길로 들어갈 것이다.

미래를 예측하지 못하는 단견과 눈앞의 이익만 생각할 때가 아니다.

하루라도 빨리 서둘러 남중권(남해와 하동, 진주까지 포함하는 광양만권)의 연합대학 형태로 우리 순천대 분교인 글로벌 특성화대학 광양캠퍼스가 설립되어야 한다.

우리 앞에 놓인, 우리에게 찾아온 기회를 그것도 절체절명의 호기를 놓쳐서야 되겠는가? 바라만 보고 있어서야 하겠는가?


여기서 다시 글로벌 특성화대학 광양캠퍼스가 설립되면 어떤 기대효과가 있는지를 설명해보겠다.

지금 광양만권의 인력수요가 변화하고 있다.

2003년 경제자유구역 지정 이후 광양 컨테이너부두 활성화가 이루어지면서 삼성테스코 등 29개 물류관련 업체가 입주하였다.

또한 포스코(POSCO)의 기존 광양제철소 외에 페로니켈, 마그네슘, 푸한공장 건립으로 인한 조선산업 등 후방 연관산업이 발전하고 있다. 광양만권 제조업 지역생산액이 45조 원으로 전남의 84%, 전국의 5.5%를 차지하고 있다. 포스코 광양제철소, 하이스코, GS칼텍스, 제일모직 등 금속, 석유, 정밀화학 산업의 특화로 지역 고용인력의 90%를 차지하고 있다.

그리고 제철, 신소재, 물류IT, 신재생에너지 분야 등 산업수요에 부응하는 학과 설치로 남해안 선벨트(Sun-belt)와 남중경제자유지역의 지식, 기술 집약형 지역발전을 선도할 수 있다.

그러기 위해 광양캠퍼스에 조선해양공학과, 제철금속공학과, IT융합공학과, 친환경에너지공학과 등 4개 학과 120명의 학생을 수용하여 '세계적 수준의 연구중심대학(WCU)' 사업의 IT융합공학과와 인쇄전자 특성화대학원과 연계 발전시킬 수 있을 것이다.

그와 함께 해외 석학을 초빙하고, 책임장학제도를 도입하며, 학생을 전원 기숙사에 수용하고, 영어강의 및 국제교류 확대로 수능 2등급 수준의 학생을 모집, 글로벌 교육시스템을 도입해 포스텍(포학공대) 수준의 공과대학이 되게 할 것이다.

따라서 글로벌 특성화대학 광양캠퍼스를 설립하여 시대에 부응하는 인재를 양성하는 일이야말로 순천대학교의 미래를 담보하는 최상의 방책이라 할 수 있는 것이다. 이러한 현실을 직시하여 하루빨리 글로벌 특성화대학 광양캠퍼스의 설립이 이루어졌으면 한다.

# 두드리면
# 열릴 것이다

"글로벌 특성화대학 광양캠퍼스 설립에 대한 여론이 나쁩니다. 부정적 여론이 높은데 꼭 설립을 강행해야 합니까?"

그렇게 얘기하면서 나를 걱정해주신 분들이 있었다.

잘못된 정보는 사람의 판단을 그르치게 한다.

현대는 정보화 사회다. 수많은 정보가 손만 뻗치면 잡을 수 있을 정도로 가까운 곳에 있다. 그 정보를 잘 활용하고 이용하는 것도 발전의 수단이고 방법이다.

우리는 광양캠퍼스 설립에 대한 여론조사를 충분히 했다.

2008년 11월 25일 KBS순천방송국이 한국사회연구소에 의뢰한 첫 여론조사 결과는 41.2%가 찬성이었다. 이는 초기 상황에서 상황

인식이 어려웠고, 잘못된 정보의 전달로 인한 결과라 여겨진다.

그 뒤 같은 해 12월 13일 본 대학이 한국리서치에 의뢰한 1차 조사 결과는 45.4%로 찬성이 소폭 상승하였다.

해를 넘겨 2009년 4월 11일 한국리서치의 2차 조사에는 46.5%로 역시 소폭 상승에 그쳤으나, 두 달여 뒤인 6월 14일 3차 조사에는 70.5로 무려 24%의 증가세를 보였다.

이렇게 찬성이 증가한 요인이 무엇일까?

첫째, 무응답 비율이 감소했다는 것이다.

지역민들의 관심이 높아지고, 상황에 대한 인식이 좋아진 결과인 것이다. 이는 그동안 '순천대학교 글로벌 광양캠퍼스'라는 난해한 명칭이 일반 시민에게 낯설었고, 그동안 입장 표명을 유보한 보류층이 적극적인 홍보를 통해 찬성 입장으로 변화했기 때문이다. 따라서 광양에 4개 학과를 설치하자는 쉬운 개념으로 시민에게 다가갈 필요성이 느껴졌다.

둘째, 반대 여론도 현저히 감소하였다. 처음엔 42.4%에 이르는 반대 여론이 26.6%로 15.6% 줄어들었다.

이러한 감소 요인을 분석해보면

1. 입학자원의 감소와 지방대학의 위기감에 대한 공감대 형성
2. 순천캠퍼스 및 광양캠퍼스의 특성화 방안 홍보 효과

3. 정부의 광양만권 지자체(순천, 여수, 광양)간 통합추진 시범지역 지정

4. 지역 언론의 보도 관점 변화(지자체간 경쟁관계 → 상생관계)

5. 광양캠퍼스 설립 무산 가능성 보도에 대한 반작용

6. 지방선거를 앞둔 상황에서 지역 정치 정세의 변화 등이라 할 수 있다.


지역민들이 걱정하는 글로벌 특성화대학 광양캠퍼스의 설립으로 인한 순천대학교의 약화란 있을 수 없다고 우린 자신 있게 말할 수 있다.

오히려 광양캠퍼스가 설립됨으로써 우리 순천시와 순천대학교에는 엄청난 시너지효과가 있을 거라고 확신한다.


7. 대학의 외연이 확대재생산되고, 따라서 순천이라는 이름값(Name -value)의 상승효과를 가져와, 결국 순천시의 발전에 긍정적인 영향을 가져올 뿐이다.

8. 광양캠퍼스 모집 인원의 약 50%를 우리 지역 학생들이 지원한 다면 우수 인재의 수도권 유출을 막아 학부모의 부담을 경감시킴과 동시에 지역과 대학, 기업이 상생할 수 있는 여건을 조성할 수 있다.

9. 광양캠퍼스에 초빙되는 우수 교수들의 주요 국책과제 수행으로 조성되는 정책연구비 중 OH(Over Head: 간접비)를 순천캠퍼스

에 투자함으로써, 결국 순천캠퍼스가 동반성장하는 선순환 구조를 가져올 것이다.

10. 순천캠퍼스와 광양캠퍼스 간의 교육 및 연구력 공유를 통한 학생들의 실력 향상으로 취업력이 향상될 것이다.

11. 순천캠퍼스와 광양캠퍼스 간 정기 버스를 운행할 것이다. 소요 시간이 30분 남짓이어서 공간적 거리도 극복될 것이다.

12. 일정 수준 이상의 우수 학생을 지속적으로 유치하여 광양캠퍼스 수준에 버금가는 장학금, 생활비 등을 지원할 것이다.

13. 첨단 강의실 조성 등으로 교육과 연고 여건을 지속적으로 개선해나갈 것이다.

이렇듯 순천대학교의 글로벌 특성화대학 광양캠퍼스는 순천대학교를 발전시킬 수 있는 유일한 대안이며 각종 순기능이 부수적으로 뒤따르는 것이다.

지역민들이 이러한 올바른 정보를 공유하고, 현명한 판단으로 하루빨리 순천대학교가 발전의 지름길로 달려나갔으면 한다.

결국은 순천시가, 광양캠퍼스 설립은 국립대학에 관한 업무이기 때문에 국가정책적으로 추진한다면 인정할 수밖에 없다는 입장으로 선회했고, 특히 교과부의 국립대학 구조개혁 추진계획이 발표된 이후에는 대학의 위기상황을 인식하고 더 이상 반대 활동을 전개하지 않고 있다.

또한 총동창회도 초기에는 동창회장을 중심으로 반대 기류가 강했으나, 재경 동문회에서 찬성을 표시한 이후로는 반대 입지가 약화되었고, 2009년 7월 이후 현 허신행 동창회장이 취임한 후 광양캠퍼스 설립의 필요성을 인식, 국회의원 면담 등 광양캠퍼스 설립을 위해 동문들의 의지를 집결해가고 있어서 참으로 기대가 크고 다행스럽다.

인식의 틀을 바꾼다는 게 쉬운 일은 아니지만, 이제 순천대학교의 앞날에 서광이 함께 하리라는 것은 꿈이 아니라 현실로 다가올 것을 믿어 의심치 않는다.

"장만채 전 교육감은
정말로 가슴이 따뜻한 사람이다.
언제나 약자나 어려운 사람들을 만나면
그냥 지나치는 법이 없었다.
그가 출퇴근 시에나 일과 후 관용차를 타지 않고
자신의 차로 자가운전을 했던 미담은
전국적으로 회자되기도 했다."

# 2부

# 내가 본
# 장만채

아내와 함께

# 장만채는
# 나의 회초리를 잊지 않았다

| 장만채의 중학교 선생님 **이승덕** |

"선생님, 안녕하십니까? 저 장만채입니다."

뜻밖의 목소리에 문을 열고 보니 장 군이었다. 어떻게 이처럼 오랜
만에 찾아왔느냐고 묻지 않을 수 없었다. 그때 장 군은 그동안 카이스
트에서 박사학위를 받을 때까지 선생님의 은혜를 잊지 않고 있었기
에 찾아왔다는 거였다.

"중학교를 졸업하고 광주일고, 서울대학교를 거쳐 카이스트에서
학위를 받고 보니 이와 같은 영광은 선생님이 아니었으면 생각할 수
없는 일이라 생각되어 제일 먼저 찾아왔습니다."

광주 무진중학교를 졸업한 지 13년 만의 일이었으니 80년대 중반

어느 날로 기억된다.

　중학생이었던 장만채 군과의 인연은 70년도로 거슬러 올라간다. 당시는 중학교 평준화의 첫해였다. 광주시내 모든 초등학교 졸업생들을 추첨에 의해 중학교에 배정하는 방식으로 학부모들의 관심이 크지 않을 수 없었다. 당시 내가 근무했던 무진중학교는 그 전신이 남중학교로, 선배들의 학력은 물론 생활지도가 엉망이었다. 때문에 모든 학부모가 기피하는 1순위 학교 중의 하나였다.

　70년 3월 15일 나는 장성중학교에서 광주 무진중학교로 전보발령을 받고 1학년 10반 담임을 맡게 되어 장 군과의 인연이 시작되었다. 1학년이 10개 반으로 한 학급당 학생 수가 70명이나 되는 초과밀학급이었다. 더욱 힘이 든 것은 학력 수준이 천차만별이어서 다루기가 무척 힘든 상태였다. 거기에다 학부모들의 요구 수준은 높아서 담임으로서는 참으로 난감하고 어려운 지경이었다.

　공부를 하고자 하는 학생은 실내가 조용해야 하는데, 그렇지 않은 학생이 더 많으니 생활지도가 가장 큰 문제로 제기되었다. 학교생활에 적응을 못하는 학생들의 유혹에 더러는 공부 잘하는 학생까지 휩쓸리는 경우가 다반사로 일어났다.

　그때만 해도 나는 혈기 왕성한 30대 중반으로 책임감이 강하여 학급경영에 최선을 다하였고, 생활지도와 학력향상에 온 힘을 기울여 면학 분위기를 조성하였다.

　그런데 4월 중순쯤 장 군이 지각을 자주하더니 급기야 학교를 나오지 않았다. 웬일인가 싶어 수소문을 해보니 등교하는 도중 만화방으로 새는 것이었다. 나는 만화방을 뒤져 장 군을 데려와서 교실에서 벌을 세웠는데 또 도망쳐 버렸다.

하는 수 없이 학부모와 함께 등교하라는 가정통신문을 보냈더니 외할머니께서 깜짝 놀라 장 군을 데리고 오셨다. 아버지는 시골서 교편을 잡고 계신데 외손주가 이 모양이니 어쩌면 좋으냐고 걱정이 태산이셨다. 노인께서 안절부절 못하시는 모습이 참으로 안타까웠다. 그렇다고 마냥 그냥 놔둘 수는 없어 종아리를 심하게 때려주었다.

교사는 모름지기 모든 학생에게 편애 없이 공평하게 대해야 하겠지만 장 군 외할머니의 난감해하시는 모습, 그리고 같은 교육동지의 자식이란 생각이 뇌리에서 벗어나지 않았고, 또 좀 심하게 종아리를 때린 것이 미안했다. 이런 연유로 이후 장 군에게 지속적으로 생활태도와 학력에 관심을 갖게 되었다. 이것이 인연이 되어 장 군도 방황을 접게 되었고 학교생활에 적응하면서 차츰 학력이 향상되기 시작하였다.

70년도부터 우리 교육에 "완전학습"이론이 도입되었고, 광주에서는 내가 제일 먼저 시범학교를 운영하게 되었다. 따라서 내가 담임 하게 된 1학년 10반을 시범학급으로 하고 학년 초부터 생활지도는 물론 수시평가가 시작되었다. 70명 전원이 혼연일체 되어 학업에 열중하게 되었고, 그 결과 1학년 10개 학급 중 우리 반이 학년 말 평균이 월등히 높았고, 우등생 수가 가장 많이 배출되었다. 훗날 광주일고, 서울대학교 진학도 1학년 10반 학생이 단연 다수를 차지하게 되었다.

1994년 3월, 광양여고 교장으로 전근발령을 받고 부임하게 되었다. 내 부임을 먼저 알고 순천대학교에 근무하고 있던 장 군이 학교로 화환을 보내주었다. 참으로 고마운 일이었다. 사석에서 만나 과거 무진중학교 시절 어린 나이에 철없이 방황하던 때 바르게 잡아준 내 생각이 나서 장 군도 교직의 길을 택했다고 한다.

인생은 만남의 연속이다. 중요한 시점에 어떤 사람을 만나느냐가 바로 성패의 갈림길이 된다고 한다. 장 군은 교육자로서 지금까지 전남의 교육발전과 국가발전에 혼신의 힘을 쏟았다. 초지일관으로 후학 양성은 물론 어려운 학생들도 큰 뜻을 이룰 수 있도록 해달라고 부탁했다.

스승의 길은 영광된 길도 아니요, 편안한 길도 아니다. 다만 후학들이 바른 길로 성장할 때 그 보람을 먹고사는 길이다.

나는 장만채에게 매서운 회초리를 대었다. 그러나 제자는 때리는 스승의 마음을 알았기에 다시 나의 품에 안겼다. 회초리야 누구나 댈 수 있지만, 후학을 진심으로 품는 교육자의 품격은 그리 쉬운 일만은 아니다. 장만채, 나의 제자는 바르고 청렴한 사람이다. 강직하면서도 따뜻한 향기가 나는 사람다운 길을 걸어가리라 믿어 의심치 않는다.

사랑하는 제자의 앞날에 서광이 비치고 그가 이 세상의 빛과 소금이 되길 바랄 뿐이다.

# 장애인의 마음을
# 어루만져 준 사람

| 전 전남 장애인 보조기기 수리센터 소장 **강구일** |

　내가 장애인들의 손발이 되는 보조기기를 수리해주는 전남 장애인 보조기기 수리센터에서 일할 때, 민원 때문에 장만채 교육감을 찾아간 적이 있었다. 장애 학생들을 대신해서 얘기하는 나의 불만 섞인 민원을 충분히 듣고 난 후 그가 내게 건넸던 첫마디 말은 "죄송합니다. 이런 일을 가지고 여기까지 오시게 해서 송구합니다"였다.

　언젠가 늦가을 퇴근시간이 다될 무렵이었다. 장애인 편의시설이 안 되어 있는 곳에 휠체어가 멈춰 있다는 연락을 받고, 나는 어느 시골 초등학교를 찾게 되었다.
　그때 한 작은 학생이 멈춰 있는 휠체어에 탄 채로 온몸에 찬바람을 맞으며 계단에서 나를 기다리고 있었다. 내가 그 현장에 막 도착했을 때, 그 아이의 불안한 눈빛과 휠체어는 나의 마음을 너무나 아프게 했다. 교육현장에서 아직도 장애인 학생을 위한 편의시설이 매우 부족한 것은 충분히 이해되는 현실이지만….

그 때문에 나는 불쑥 올라오는 불편한 감정과 무언가 해결해야 한다는 마음으로 교육감실에 무작정 찾아갔었다. 서로 인사를 나눌 겨를도 없이 쏟아내는 나의 불만 섞인 얘기를 듣고 난 후, 그는 낮은 목소리와 진지하고 부드러운 말투로 진심어린 사과를 건넸다.

나의 흥분을 일순간 숙연하게 만들었던 그는 차분하고 겸손한 말투로 문제해결을 위해 다양한 방안들을 제시해주었고, 전라남도 내 교육현장의 장애인 편의시설에 대한 적정성을 평가하고 개선할 수 있는 방법을 함께 고민하고 모색해보자고 제안하였다.

이후 2017년 전남 지체장애인협회 부설기관으로 운영 중인 22개 시·군 장애인 편의시설 점검센터들과 협약하고, 각 학교의 장애인 편의시설 점검을 실시하여 부적절한 경우 현장에서 바로 개선할 수 있도록 하였으며, 건물을 신축할 때는 설계에서부터 법적 규정에 맞추어 장애인 편의시설을 마련할 수 있는 기반을 만들게 되었다.

그뿐만 아니라 누구나 교육 앞에 평등해야 함에도 불구하고 그동안 교육의 대상에서 차별받던 40, 50대 장애인을 위한 평생교육 사업도 진행할 수 있도록 기회를 제공해주었다.

나는 그동안 장애인의 문제에 대해서 선거 때만 반짝 관심을 갖고, 시간이 지나면 관심을 저버리는 사람들을 너무나 많이 만나왔다. 어쩔 수 없이 울며 겨자 먹기로 한두 가지 불편함을 해결해주는 사람들도 있었지만, 귀찮은 민원인으로 치부하여 장애인으로서 생활하는 데 어려움을 호소할 방법이 부족했다.

하지만 내가 만난 장만채 교육감은 처음 보는 나의 민원을 누구보다 적극적으로 경청해주었고, 진정성 있는 마음으로 장애인의 불편함을 해결하기 위해 교육감으로서 몸소 실천하는 모습을 보여준 진실한 사람이었다.

인간의 존엄한 가치에서 볼 때, 장애인도 차별없이 존중받아야 하고 대우받아야 하는 것은 당연한 일이라 생각된다.

그러나 그것을 몸소 실천하는 사람을 찾기는 어렵다. 장애인에게 동정은 쉽지만 동등한 지원은 어렵다. 그런데 내가 만난 장만채 교육감은 장애인 편의시설을 제공하는 것은 특혜가 아니라 당연한 일이라고 했다. 그는 장애 학생이 편의시설을 제공받는 것은 국민의 기본적인 권리라는 인식과 함께 공감하면서 차별적 교육환경을 개선하기 위해 노력해준 사람이라고 말하고 싶다. 무슨 일이든지 자신의 이해관계에 따라 움직이지 않는 사람으로서 가장 절실한 곳에 필요한 일을 할 줄 아는 진정성 있는 그런 사람이다.

장만채 교육감은 평생 차별에 상처받고 살아가는 장애인들의 삶을 어루만져 주며 평등의 가치를 실현해가는 가슴 따뜻한 사람이다.

# 장만채는 창의적이고
# 소통하는 교육감이었다

| 전 전남도의원 **서정한** |

　도의회는 작은 국회이다. 여기에서 의정활동을 하는 도의원들은
각 지역의 대표자들로서 주민복지부터 지역현안에 이르기까지 열심
히 대변자 역할을 하면서, 자기 지역구의 특색에 맞는 활동에도 헌신
적으로 일하며 여념이 없다.

　'사회는 소수의 지도자들이 이끈다'는 말이 있듯이, 나 역시 그 중
에 한 사람으로서 막중한 책임감을 갖고 열심히 의정활동을 했었다.
모든 것이 우리가 살고 있는 전남의 발전과 미래를 위한 일이다.

　이런 측면에서 나의 도의원 시절은 나에게 새로운 삶의 변화를 느
끼게 하였고, 전남 22개 시·군에서 모인 58명 의원들의 의정활동은

전남 곳곳의 생활상들을 볼 수 있게 해주었다. 또한 나에게 폭넓은 인생관을 정립할 수 있도록 해주는 소중한 시간이기도 했다. 그리고 도지사와 도교육감과의 만남도 마찬가지로 전남의 발전과 미래를 향한 동반자적인 인연이었다. 나는 의정활동을 통해 그분들의 사고와 철학을 엿볼 수 있었다.

내가 도의회 상임위원회 교육위원으로 2년간 활동했을 때, 나는 장만채 교육감과 만날 기회가 많았었지만, 특별히 친숙하게 지내지는 않았다. 항상 다정스레 미소 짓는 모습, 굵은 톤의 부드러운 목소리, 남을 배려하는 따뜻한 심성, 항상 겸손한 자세로 상대방의 말을 귀담아 듣는 태도 등이 내가 느껴왔던 장만채 교육감의 모습이다.

전남의 교육행정을 책임지고 이끌었던 장만채 교육감은 도의회에서 대체로 좋은 평가를 받곤 했다.

장만채 교육감의 지난 활동을 보면, 소통과 화합을 중요하게 생각하고 진정성 있게 현안을 논의하는 등 탁월한 리더십으로 전남의 교육을 한 단계 올려놓은 걸로 평가되고 있다. 뿐만 아니라 장만채 교육감은 의회와도 원활한 소통을 하면서 교육행정에 부족한 부분도 채워가며 전남교육을 한층 발전시킨 개혁적인 지도자로 생각된다.

공교육의 질을 높이기 위해 특성화 고등학교의 학생들에게 재능과 특기를 발굴하여 사회에 적응하도록 노력하였으며, 독서교육을 통한 깊고 넓은 사고력을 키워주고 잠재력을 발굴하여 미래를 준비하는 호남의 젊은이로 성장할 수 있도록 토대를 만들어주었고, 교직자들과 함께 화합하고 헌신적으로 노력하였으며, 무엇보다도 인간의 본성을 깨우기 위해 인성교육에 힘써 주신 데 대해서 나는 깊히 감사드리며 높이 평가하고 싶다.

장만채 교육감은 '학생들에게 꿈과 희망!'을 주고 4차 산업혁명시대에 대비하여 인재육성 교육개혁과 함께 미래 지도자로 성장할 지역의 학생들에게 '나는 누구인가? 미래를 위해서 무엇을 준비할 것인가? 삶의 본질은 무엇인가?'를 가르치고자 했다. 또한 학생들에게 호연지기를 키울 수 있도록 기획한 독서토론열차는 지금 생각해도 가슴 뿌듯한 프로그램이었다.

각 지역 학생들과 인솔선생님이 하나되어 열악한 열차에서 숙박을 함께하며 역경과 고통을 이겨내고, 힘과 지혜를 모아 힘든 고난의 시간을 극복하고 열띤 토론을 하는 등, 우리 학생들이 미래에 대해 꿈을 키우고 자신감을 키워주는 획기적인 프로그램을 만들어낸 것이다. 학생들이 일정을 마치고 귀국보고회 자리에서 자신감과 함께 살아있는 눈빛을 보일 때는, '아! 참교육이 바로 이런 것이구나.' 하는 생각이 들었다. 그리고 '전남의 미래는 희망적이다'라는 확신을 가질 수 있었다.

오늘의 정치 현실을 보면 소통과 화합, 그리고 진정성 있는 지도자의 모습을 찾아볼 수 없는 현실이라 한다. 진정한 지도자의 모습은 능력보다는 상대방을 이해하고 배려하며 소통할 수 있는 사람에게서 보여지는 것이기에 더욱 그러하다.

지도자가 필요한 시기에 소통의 리더십으로 전남교육을 이끌어주었던 장만채 전 교육감을 보면, 그가 '지도자로서 손색이 없다'는 생각이 든다. 이러한 관점에서 볼 때, 장만채 같은 사람이 지역민들에게 희망을 주고 젊은이들에게는 꿈을 심어주는 인물이 아닌가 생각해본다.

그가 끊임없이 공부하고 부지런히 뛰어다니면서, 많은 지식과 지혜를 쏟아내며 공유했던 시간들이 미래의 희망을 만들어갈 수 있다는 확신이 보이기 때문이다.

**장** : 장작불처럼 활활 타오르는 큰 일꾼

**만** : 만들어진 교육의 틀이 아닌 창의적인 교육의 선구자

**채** : 채움으로 교육을 실현해가는 소통하는 지도자

# 나의 멘토 나의 친구
# 장만채

| 전 목포여고 교사 **박봉수** |

'인간은 노력하는 한 방황한다.'

괴테가 남긴 이 말은 젊은 날 나에게 신선한 충격으로 다가왔다. 나는 내 나름대로 이 말을 '인간은 살아있는 한 의미 있는 것을 끝까지 추구하려고 노력해야 한다'라는 뜻으로 받아들였다. 정말 이렇게 흔들리지 않고 끊임없이 무언가를 추구하면서 살아갈 수 있는 것일까? 이렇게 살려면 얼마나 힘들 것인가?

60년이 넘은 세월을 살아오면서 이런 삶의 태도를 지켜나가는 친구가 나에게 있다. 그 사람은 바로 나의 오랜 벗인 장만채다.

장만채와 나의 맨 처음 만남은 1968년 초등학교 5학년 때였다. 친구는 영암에서 광주로 전학을 온 완전한 시골 촌놈이었다. 녀석과 나는 전생에 무슨 인연이 있었는지 금방 친해졌다. 그만한 나이의 또래들이 흔히 하는 놀이와 장난을 치면서 우리는 즐겁고 짧은 유년시절을 보냈다. 그 후 중학교는 다른 학교로 배정되어 서로 소식을 모르다가 고등학교 입학식 때 같은 반에 배정되었다. 다시 만나게 되어 너무나 반가웠다. 녀석은 그새 키가 나만큼 커졌고 머리는 나보다 훨씬 더 컸다. 그 당시 교모를 다들 썼는데 녀석은 우리 반에서 가장 큰 치수가 겨우 맞은 왕대갈통이었다.

이 친구와 내가 완전히 친밀하게 된 것은 나의 다리 수술 때문이었다.

난 어렸을 때 소아마비를 앓아 현재 경증장애인이다(얼마 전까지 법이 바뀌기 전에는 지체장애 4급이었다). 그래서 체육시간이나 교련시간에는 참관수업만 했다. 그때 만채는 틈틈이 내 옆에 와서 나를 심심하지 않게 하고 웃고 장난을 쳤다. 다행히도 그 덕에 난 체육시간과 교련시간을 그다지 힘들게 보내지 않았었다.

신체가 성숙함에 따라 오른쪽 발뒤꿈치가 땅에 닿지 않아 신발을 신고 다니기가 아주 힘든 지경에까지 이르렀다. 광주에서 학교에 다니던 나는 당시 유명한 정형외과 전문의가 있었던 순천의료원에서 수술을 했다. 그때 순천에는 지금은 없어진 순천간호여자고등학교가 있었다. 내가 고등학교 1학년 때 간호여고는 2학년이 마지막 학년이었다. 그때 병실에서 깁스한 나와 같이 노래를 불렀던 기억이 난다. 병실에서 본 순천의료원 정원에 있던 모과 열매가 너무도 맛있게 보여 힘껏 깨물었던 기억이 새삼스럽다.

순천에는 가만히 살펴보면 주변에 독일에 간호사로 간 친척들이 꽤나 많았다. 아마 집안 형편이 어려워서 순천간호여고에 진학했던 학생들이 졸업 후 독일로 취업을 했을 것으로 추측해본다. 그땐 그렇게 다들 어려웠다.

수술 후 나는 거의 3달 동안 집에 있어야만 했다. 그 무렵 '휴학을 해야 하나 학교에 계속 다녀야 하나' 고민하고 있었는데, 친구 만채가 찾아왔다. 그러고는 본인이 날마다 찾아와서 그날 했던 수업을 그대로 전달할 테니 작은 칠판만 준비하라고 했다. 나는 칠판을 벽에 붙여 놓고 오후 3시 30분경에 하교하는 친구를 기다렸다. 그때는 방과 후 수업이 없어서 3시 조금 넘어 하교를 했었다.

친구는 그날 학교에서 했던 수업을 흉내 내 나에게 가르쳐주었다. 난 친구에게 많은 질문을 했던 것 같다. 나의 질문에 대답하지 못한 문제는 학교에 가서 선생님에게 묻던지 본인이 어떻게든 해결해서 다시금 나에게 가르쳐주었다. 난 겨우 고등학교 1학년인 친구에게 너무나 어려운 질문을 했던 것 같다.

지금 생각해보면 나는 몸이 건강한 친구에 대한 투정 때문인지 질투 때문이었는지, 내 질문에 답하지 못했던 친구를 보면서 내심 고소하게 생각했던 기억도 떠오른다. 난 친구에게 '뚝보'라는 별명을 붙여줬다. 녀석은 뭔가를 한 번 시작하면 끝까지 해결하려고 했고 또 해결해냈다. 난 그 별명이 녀석의 성격에 잘 들어 맞다고 생각해서 '뚝보 만채'라고 불렀다. 내가 고등학교 1학년 2학기를 거의 다니지 못했어도 수업결손이 나지 않았던 이유는 단연코 이 친구 때문이었다. 녀석은 나의 스승이었고 멘토였으며 다리가 불편했던 나와 같은 속도로 걸어주었고 차별하지 않았던 동지였다.

그 당시 그런 마음을 가진 친구의 나이는 겨우 17세였다.

고등학교 2학년 때 난 문과로 갔고 친구는 이과로 갔다.

대학 진학을 앞두고 나는 다리에 장애가 있는 내가 세상을 살아가려면 어떤 대학을 갈까 하고 무척이나 고민했다. 함께 독서실에서 공부하던 친구 만채는 내게 사범대학 진학을 권했다. 만채 아버님이 당시 고등학교 선생님이셨는데 교직은 나처럼 장애를 가진 사람도 차별없이 아이들을 가르칠 수 있다고 했다.

살면서 우리는 끊임없는 선택을 해야 하고 그러한 선택을 하고 나서도 많이 후회하기도 한다. 난 그때 친구의 말을 듣고 사범대학을 선택했고, 그 선택이 내 일생 중에서 가장 잘한 선택이었다고 생각한다.

당시 열아홉살이었던 친구는 나의 멘토였다.

뚱보 내 친구 만채의 장점은 아주 끈기가 대단하고 기발한 생각으로 문제를 해결한다는 점이다. 가령 수학 문제가 안 풀리면 나는 해답을 찾아보는 유혹을 견디지 못하는데 친구는 몇 시간 동안, 아니 어떨 때는 거의 날을 새면서 해결점을 찾아내고야 만다. 해답과 반드시 일치하지 않아도 본인만의 독특한 방법으로 해결점을 찾는 걸 보고서

감탄한 적이 한두 번이 아니었다. 난 그때 이 친구는 커서 노벨상을 받을 수도 있겠다고 생각했다.

고등학교 졸업 후 나는 전남대학교 사범대학을 거쳐 교사의 길을 걸었고, 친구는 서울대학교 화학과에 진학했다. 수년 후 친구는 최연소 나이로 카이스트에서 박사학위를 받고 순천대학교에 교수로 재직했다. 친구가 결혼할 때 내가 결혼식 사회를 봤다. 친구들과 함을 팔러 가서 고래고래 소리를 지르며 추태를 떨었던 기억도 생각난다.

난 여러 학교를 거친 후에 순천고등학교로 발령을 받아 순천에서 친구와 다시 재회하게 되었다. 순천고등학교 옆 저전동 상하방으로 이사하였을 때 제일 먼저 찾아와서 격려해주고 어서 빨리 아파트를 장만하라고 하면서 아파트 장만하는 법을 가르쳐준 이가 친구 만채였다.

살면서 뚱보 내 친구 만채를 가장 안타깝게 생각했던 점은 순천대학교 총장 재직 시 순천대 공대 이전 문제가 나왔을 때였다. 순천대학교 근방 곳곳에 총장을 성토하는 플랜카드가 만국기처럼 나부꼈었다. 우연히 순천대학교 옆을 어린 딸하고 지나갈 때 딸이 나에게 물었다.

"아빠! 만채 아저씨는 정말 저기에 써진 것처럼 나쁜 사람이에요?"

"아니야! 절대 나쁜 사람이 아니란다."

"그런데 왜 저렇게 아저씨가 나쁜 사람이라고 써 있어요?"

"다들 생각이 달라서 그런단다."

딸에겐 이렇게 대답하고 넘어갔지만, 그 당시 친구를 아끼는 내 마음은 안쓰러움으로 가득했다.

그 일이 있고 난 뒤 얼마 후에 나는 친구를 만나 가만있으면 되는데 너는 왜 긁어서 부스럼을 내느냐고 따지듯이 물었다. 친구는 인구감소와 더불어 국립순천대학교가 처할 여러 사항과 이 지역 젊은이들을 위해서 꼭 실천하고 싶은 일이라고 했다. 비록 현재 재학하고 있는 학생들은 혜택을 볼 수는 없겠지만 미래의 아이들을 위해서는 지금 꼭 해야만 하는 일이라고 했다.

나도 그 점에 대해 전적으로 친구의 말에 교사로서 공감했고, 친구의 용기와 미래를 대비하는 그의 예지력에 감탄했다. 또한 그런 능력을 갖추고 실천하고자 하는 의지력이 솔직히 부러웠다. 비록 여러 가지 사정들로 인해 공과대학 이전은 할 수 없었지만 내 개인적인 생각으로는 두고두고 정말 안타깝고 아쉬운 일이었다.


친구 만채가 전라남도 교육감이 된 후에 전남교육청에 출장을 간 김에 교육감실을 찾은 적이 있다. 교육감을 만나기 위해 여러 사람이 기다리고 있었고 친구는 계속해서 그 사람들을 접견하고 있었다. 난 친구를 만나 이렇게 물었다.

"자네 지금 교육감이 되어 활동해보니 행복한가?"

"내가 지금 자네 눈에는 행복하게 보인가?"

친구의 반문에 나는 행복하게 보이지 않는다고 대답했다. 그럼 도대체 왜 교육감이 되었냐고 물었더니 본인의 교육철학을 실천하고 싶어서라고 했다. 비록 현재는 무척이나 힘들지만 아이들이 행복하고 보다 나은 세상에서 살게 하고 싶다는 그의 교육철학을 실천하고 싶다고 했다.

난 2010년 G20 서울 정상회담 폐막식에서 벌어졌던 일을 생각하면 지금도 몹시 창피하다. 당시 미국 대통령이었던 오바마 대통령이 폐막 연설 직후 대한민국 기자들에게 질문권을 주었지만 아무도 질문을 하지 못했던 일이 발생했다. TV로도 방송되었고, 지금도 유튜브에서 당시 상황을 볼 수 있다. 거듭된 오바마 대통령의 질문권에 대한민국 기자 중에서 아무도 대답을 못하자 중국 기자들이 끼어들어서 대신 질문하겠다고 소리치던 부끄러운 장면이었다. 다시는 이런 수치스러운 모습을 보이지 않기 위해서 우리 교육에서 꼭 필요한 것이 토론 수업이라고 난 생각했다.

친구가 교육감 재직기간 여러 가지 활동 중에 당시 현장교사로서 나에게 가장 감명을 준 것이 독서교육이었다. 먼저 독서교육을 하고 난 후 토론학습을 하는 것이었다. 그래서 시도한 것이 시베리아횡단 전남 독서토론열차 프로그램이었다. 당시 그 프로그램에 참여했던 내가 재직하고 있던 학교의 학생은 본인 인생을 설계하는 데 엄청난 동기유발 효과가 있었다고 말했다. 나는 교육감의 시도는 너무너무 타당하고 시의적절했으며 계속해서 이런 수업이 이어져야 한다고 생각한다.

친구를 생각할 때 꼭 기억나는 것은 친구의 부모님과 그의 아내이다. 친구의 아버지는 남자로서 지녀야 할 덕목을 우리에게 몸소 보여주셨으며, 친구의 어머니는 정말 따뜻한 마음을 가진 분이다. 친구 집에 갈 때마다 내 손에 쥐여주시던 달걀. 영양 보충하고 다리에도 좋다면서 주셨던 하나가 아닌 여러 개의 달걀. 지금도 난 달걀을 보면 친구 어머님의 따뜻한 미소와 손길이 생각난다.

또한 이제까지 묵묵히 내조하고 있는 그의 아내. 일주일에 한 번씩 꼭 순천에서 광주에 있는 본가까지 가서 온갖 어려운 일을 다 해낸 여장부이며 평생 동지인 그의 아내. 그런 점에서 내 친구 만채는 참 복이 많은 사람이다.

내가 만채에게 모든 게 뒤지지만 나은 게 딱 하나 있다. 그건 바로 노래 부르기다. 고등학교 때 만채가 노래를 부르면 다른 친구들이 너무 좋아했다. 그가 노래를 부르면 음정과 박자가 엉망진창이어서 완전히 새로운 노래가 되었다. 그러면서도 노래를 부르는 그의 태도는 얼마나 진지했던지…. 친구는 음악 실기시험에서 '양'을 맞았지만 나는 '미'를 맞았다. 그가 결혼할 때 신부를 위해 부른 노래가 '두만강 푸른 물에~'였다. 지금은 노래 실력이 많이 늘었는지 모르겠다.


항상 방황하면서 노력했던 내 친구 장만채.

또한 노력하면서 보다 나은 길을 추구했던 내 친구 뚱보 장만채.

보다 나은 세상을 만들려고 묵묵히 노력했고 어렵고 힘든 이웃에게 따뜻한 미소를 지어 보이는 나의 멘토이자 오랜 벗인 장만채!

삶의 험난한 여정을 뚜벅뚜벅 걷고 있는 뚝보 장만채, 파이팅!

자네의 확고한 신념과 철학이 이 땅에 실천되기를 진심으로 바라네.

# 언제나
# 미래를 꿈꾸는 사람

| 전 전라남도교육청 비서실장 **김대중** |

"배를 만들거나 고기 잡는 방법을 가르치려 하지 말고, 바다를 동경하게 하고 꿈을 갖게 하라."

장만채 전 교육감께서 언제나 강조했던 말이다. 우리는 '물고기를 주지 말고, 낚시하는 법을 가르쳐라'는 말을 들으며 성장해왔다. 그리고 낚시 하는 방법보다 배를 만드는 방법을 가르치는 것이 한걸음 더 나아간 교육일 것이라 생각할 수 있다. 하지만 그는 바다를 동경하게 했고, 미래를 꿈꾸게 했다. 언제나 그는 '그만큼'을 보며 앞서가고 있었다.

그래서 그는 힘든 사람이기도 했다. 교육계획을 수립하고 추진하던 장학사들께는 여간 까다로운 사람이 아니었을 것이다. 그랬기에 그와 함께했던 사람들이 다 같이 성장했고, 전남의 아이들이 미래를 꿈꾸며 세계로 나갈 수 있었다. 중학생들은 거친 파도와 싸워가며 한·중·일 3국을 누비는 선상무지개학교에서 동북아의 평화와 공존을 모색했다. 고등학생들은 시베리아 횡단열차를 타고 고려인의 발자취를 따라가며 통일 한반도와 우리의 내일을 꿈꿨다. 그리고 그 길은 지금도 이어지고 있다.

그는 '미래를 만드는 힘은 교육에 있고, 특히 어려운 전남의 미래를 위해 교육으로 기회를 만들어내야 한다.'는 강한 신념을 갖고 있었다. 독서와 토론을 통해 꿈을 찾아가는 교육을 추진했고, 학교교육보다는 가정교육이 먼저라는 점을 강조했다. 몸으로 느끼는 체험활동과 각자의 개성을 찾는 진로교육을 중요시했다. 교육에 대한 그의 신념은 4년간의 첫 번째 교육감 임기를 수행하는 과정에서의 고민과 경험을 담은 책《공부는 왜 하는가》에 잘 정리되어 있다.

장만채 전 교육감은 가끔 무모하리만큼 모든 것을 던져 버렸다. 미래를 위한 신념이 확고해졌을 때 기득권을 포기하는 것에 주저하지 않았다. 첫 번째 교육감 도전이 그랬다. 2010년 최초의 주민직선 교육감 시대가 열렸고, 전남의 시민사회단체는 그를 전남의 범도민후보로 추대했다. 순천대학교 총장을 사임한 그는 대학에 사직서를 제출했다. 많은 정치인들이 대학교수직을 유지한 채 출마하는 것과는 다른 모습이었다. 그리고 교육감 재선에 성공하며 8년의 임기를 마무리했다. 세 번째 교육감 도전도 모두가 확실하다고 생각하던 그때, 그는 과감히 교육감 자리를 던졌다. 그리고 전남의 새로운 미래를 꿈꿨다.

그에게 어울리는 단어 중 하나는 '실용'이다. 장만채 전 교육감은 시민단체의 범도민 후보로 추대되었기 때문에 언론이나 외부에서는 그를 '진보'로 분류했다. 그런데 그는 진보적인 사람들과 함께하는 자리에서는 "나는 보수입니다."라고 말했다. 그런데 정작 보수적인 사람들과 있으면 "나는 진보입니다."라고 말한다. 도무지 표를 의식해야 하는 정치 논리로는 이해할 수 없는 사람이었다.

 사실 그는 진보와 보수의 편 가르기가 싫었다. 그래서 교육청 내부에서도 다양한 목소리가 나오면 내부에서 치열하게 토론하며 해법을 찾아가도록 했다. 교육에는 진보와 보수가 없고 학생이 중심이어야 한다는 생각에서였다. 절박한 상황에 처한 전남교육을 위해서는 온 도민이 함께 가야 한다고 항상 강조했다.

 교육 관련 가족과 함께한 자리에서도, 언론과의 인터뷰에서도 그의 생각은 언제나 '학생 중심'이었다. 그의 '실용'은 '중간'이나 '회색' 따위로 대신할 수 있는 말이 아니었다. 그의 '실용'은 '미래'였고 '협력'이었다. 그래서 전남은 다른 시도와는 달리 진보와 보수의 갈등이 거의 없었고 학부모 단체, 교직 단체, 도의회 등 정치권, 언론 등이 교육의 문제에는 대부분 협력했다.


 그의 '실용'은 '소통'으로 이어졌다. 그의 의지는 교육감 신문고로 나타났고 통화나 면담을 요청하는 민원 모두가 이루어졌다. 비서실의 업무는 대부분 민원처리였고, 비서실은 친절하고 열린 민원실이었다. 그러나 공과 사는 엄격히 구분되어야 했다.

그의 '실용'은 '협력'이기도 했다. 너무나 어려운 환경에 처한 전남 교육을 살리기 위해서는 지역사회의 협력이 필요했다. 그는 지역사회와 소통하며 '우리가 교육의 올바른 방향을 세우면 기회가 될 수 있다'는 믿음을 주었고 협력을 요청했다. 우리 아이들의 미래를 위해 온 마을이 나서야 한다며 무지개 교육지구를 이루어냈고, 마을학교를 추진했다. 그 성과들이 지금도 이어지고 있다.

거기서 그는 '그만큼' 또 앞서갔다. 모든 교육감이 자신의 지역교육을 이야기할 때 그는 처음으로 '입시제도 개선'을 이야기했다. '지금의 대학입시 제도가 창의적인 교육을 가로막고 있다.'면서 새로운 입시제도를 고민해야 한다고 나섰다. 또한 '정권이 바뀔 때마다 교육정책이 변화하는 것이 우리의 교육을 망치고 있다'면서 국가교육위원회를 주장하기도 했다. 그는 대한민국의 교육을 보고 있었다.

그런 큰 그림을 그리면서도 그는 언제나 검소하고 절제했다. 개인 차량으로 출퇴근했고, 굽이 낡은 구두는 언제나 회자되는 얘기였다. 주말에는 비서실 직원들의 수행과 관용차량을 금지시켰다. 또한 언제나 생명을 소중하게 여겼다. 청사 나무를 전정하여 혼난 적도 있었다. 책을 가까이 했던 그는 비서실 직원들에게도 책을 읽도록 했다. 함께했던 시간 동안 우리는 그만큼 성장했다.

그가 또 한 권의 이 책을 출판하게 되었다. '그만큼' 그의 미래가 기대된다.

# 자랑스런
# 나의 형

| 목포해양대 교수 **장용채** |

내 고향 영암 도포는 어렸을 적 포구가 있었다. 포구 너머로는 갈대밭이 뻘 위에 광활하게 펼쳐져 있고, 들물과 날물이 교차할 땐 짱뚱어를 비롯해 운저리(문절망둑), 숭어 등이 넘실댈 정도로 풍성한 곳이었다. 마을로 들어서는 조그만 수문 위에 나뭇가지에 낚싯줄을 매달고 드리우면 못생긴 운저리를 낚는 등 즐거움을 더해주곤 했다.

내가 초등학교 취학 전에 당시 아버지는 초등학교 선생님이셨는데 목포로 교육을 받으러 가셔서 형이 밥을 하기 위해 아궁이에 불을 지피고 있을 때, 그 옆에서 놀고 있던 난 호기심이 발동했다.

나는 부지깽이에 불을 붙여 그것을 몰래 들고 집의 모퉁이에 서서 초가집 처마 밑에 불을 붙이고는 잘 타들어가니까 재미가 있어서 형에게 달려가 지붕이 불에 잘 탄다고 와서 구경하라고 큰 소리를 친 적이 있었다. 형은 뭐라고 나무라기보다는 큰집으로 달려가 큰아버지께 말씀드리자 어른들이 처마지붕에 올라가셔서 불을 껐던 일이 있었다.

그날 나는 큰아버지한테 끌려가 부엌에서 죽도록 쇠부짓갱이에 맞았다. 지금 생각해보면 그때 초등학교 3학년인 형의 판단이 매우 빨랐기에 조기에 화재를 진압할 수 있었다고 생각한다. 본인이 해결하려고 하거나 당황했으면 우리 가족의 따뜻한 보금자리는 일순간에 잃어버렸을 것이다.


내가 초등학교 1학년 땐 형이 공부를 하기 위해 5학년 때 광주로 전학을 갔다. 당시 외갓집이 광주광역시 봉선동 근처에 있어서 외삼촌들이 대학과 고등학교를 다닐 때였다. 물론 두 분은 모두 교직에 발을 담가 큰외삼촌은 초등학교 교장선생님으로 정년퇴직을 하셨고, 작은외삼촌은 현직 대학교수를 하셨다.

형은 방학 때 시골집에 오면 항시 나랑 함께 놀아 주곤 하였다. 형제라고는 단둘이라서 어렸을 때 매우 조촐하게 자랐다. 새로운 것이 있으면 항상 먼저 나에게 보여주며 새로운 시도를 함께하고자 했던 것 같다. 아버지가 만들어주신 연을 함께 날리면서 연싸움 하는 방법을 알려주고, 팽이를 만들어주면서 함께 가죽 나무채로 팽이싸움 하는 방법도 가르쳐주었다. 나에겐 항상 형이 든든한 배경이었다.

한 번은 겨울방학 때 형이 시골에 내려왔는데 눈썰매를 만들어주면서 함께 타러 가자고 했다. 당시 우리 마을은 영산강 하구언을 막기 전이라서 동네 어귀까지 배가 다니는 등 풍경이 아름다운 어촌마을이었다.

바닷물의 범람을 막기 위한 제방 바로 옆에 천수답에 물을 댈 수 있는 조그만 저수지가 있었는데, 날씨가 며칠간 추워서 꽁꽁 얼어 있었다. 형은 자랑이라도 하듯 나를 눈썰매에 앉히고 여기저기 빙판을 씽씽 거리며 달렸다. 그런데 한참 신나게 썰매를 타다가 저수지 한 가운데에서 빙판이 깨지는 바람에, 우리는 그만 물에 빠지고 말았다. 형은 순간적으로 팔을 양옆으로 펼쳐 헤쳐나왔는데, 우리는 한겨울에 물에 빠진 생쥐가 되어버렸다.

그대로 집에 갔다가는 부모님께 야단 맞을 것이 뻔하기에 근처 포구에서 갈대를 꺾어 불을 지펴서 옷을 말렸다.

형과 나는 4년 터울이지만 당시에 나는 거의 형님 옷을 물려받을 때라 옷이 워낙 커서 몇 번씩 접어 입었다. 그런데 그땐 어머니께서 초등학교에 들어갔다고 나일론으로 된 검은색 바지를 처음으로 사주셨다. 아마 6학년까지 입으라고 그러셨는지 바지를 3번 정도 접어서 입었던 것으로 기억난다.

1968년 내가 초등학교 1학년 때 나일론이 막 나와서 대인기였었다.

문제는 여기에서 생겼다. 나의 최초 외출복이 그만 물에 젖었으니 그냥 집으로 들어갈 수 없어 갈대불 앞에서 쪼그리며 말리다 보니 그만 나일론이 눌어붙기 시작한 것이다. 결국 다 말리지도 못하고 집에 들어가 옷은 옷대로 망가지고 어머니한테 야단은 야단대로 맞게 되었다. 나의 눌어붙은 그 나일론 바지는 비록 꼬깃꼬깃해졌지만, 그래도 나는 그 바지를 펼 수 있는 데까지 펴서 4학년까지 입었던 것 같다.

형은 초등학교 때부터 공부를 잘해서 항상 우등상을 받았다. 중학교를 거쳐 광주일고에 합격했을 땐 온 집안이 경사가 났었다. 시골 우리 고향에서는 처음으로 광주일고 합격자가 나왔다 해서 동네가 떠들썩했고 형에게 거는 기대도 무척 컸었다.

어머니는 형의 뒷바라지를 위해서 곧바로 광주로 이사를 하셨다. 그 덕분에 나도 처음에는 외가댁에서 학교를 다니다가, 어머니 밑에서 가족이 함께 생활하게 된 것이다.

형의 식성은 좀 까다로웠다. 유년기부터 절에 다니셨던 외할머니 밑에서 자라다 보니 생선류보다는 채소류를 주로 먹어, 결국은 지금까지 생선 종류는 거의 먹지 않는 특이한 식생활을 갖고 있다.

내가 중학교 다닐 때 형은 고3이었는데 대입을 위해 기숙사생활을 하고 있었다. 난 학교 가는 길에 항상 형에게 도시락을 전해주고, 당시는 중학교 학생수가 많아 2부제 운영을 하던 터라 1부 타임은 점심 먹고 나면 곧바로 끝났기 때문에 집에 와서 다시 형에게 도시락을 전달해주러 갔었다. 나의 중학교 시절은 거의 형에게 맞춰져 움직여야만 했을 정도였으니까.

그 당시 아버지는 진도에서 고등학교에 근무하셨고, 어머니는 광주에서 우리들과 함께 계시면서 자식의 뒷바라지에만 전념하셨다. 매일 하루에 두 번씩 생김치를 담그셨는데 그냥 담그신 것이 아니라

돌로 된 절구통에 풋고추와 익은 고추를 같이 넣고 갈았으며, 고추씨는 빼내서 따로 볶아 맛을 더하는 데 정성을 다하셨다. 이런 가족 모두의 정성이 모아졌고 형이 더 열심히 공부한 결과 형은 서울대 이공계에 합격한 것이다.

우리 집 식구들이 공부를 하게 된 것은 지금은 고인이 되신 큰아버지가 일제 강점기 때부터 목포에서 양복점 일을 하셨는데, 일해서 번 돈으로 셋째 동생인 나의 아버지를 대학에 보내신 것이다. 당시 먹고 살기 어려운 시절인 데도 불구하고, 큰아버지께서 아버지를 공부시키기 위해 뒷바라지를 다 해주신 셈이다.

형이 그동안 우리 가족들과 주위 사람들의 기대를 저버리지 않았듯이, 앞으로도 형이 더욱 승승장구하길 소망하며 많은 사람들에게 귀감이 되었으면 한다.

그리고 형의 신념과 철학이 성공하는 삶이 되리라 동생은 믿고 또 믿는다.

# 항상 자신을 낮추고
# 남을 배려하는 사람

| 전 전남도교육청 비서관 **강세구** |

　내가 장만채 교육감님을 처음 뵈었을 때, 교육감님의 인상은 매우 강직하고 깐깐한 사람이라고 느꼈다. 어찌 보면 원칙을 중요시하고 자신의 소신대로 살아가는 공직자의 전형적인 타입이라는 생각을 떨치지 못했기 때문이다.

　그런데 내가 교육감 비서관으로 근무하면서부터 교육감님과 업무상 얘기하는 시간이 많아지면서, 나는 점점 그분의 독특한 인간미와 교육에 대한 철학이라든가 전남교육의 미래에 대한 소신을 다소나마 알 수 있었다.

　교육행정에 있어서 누구보다도 진취적인 사고를 가지고 있을 뿐만 아니라 실천의지가 남달랐기에, 때론 직원들의 공무수행에 있어서

버거울 때도 있었지만, 그래도 우리는 보람을 느낄 때가 많았다. 이렇듯이 장 교육감님은 리더로서 많은 장점을 지닌 분이다.

특히 아랫사람을 배려할 줄 아는 따뜻한 정, 교육정책에 대한 개혁적인 마인드, 다양한 아이디어, 강한 책임감, 업무에 대한 열정 등 많은 사례를 남겼고, 지금도 미담으로 회자되고 있다.

"교육감님! 관용차를 이용하셔야지 저희들이 편합니다."

"나는 순천대학교 총장시절에도 공무시간 외에는 자가운전하고 다녔습니다. 그게 더 편합니다."

언젠가 교육청 출퇴근 시 관용차를 이용하는 게 좋겠다는 직원들의 권고에도 아랑곳하지 않고 특별한 상황이 아니면 자가운전으로 출퇴근하시겠다고 주장하신 분이기도 하다.

그후 전라남도 교육감이 손수 차량을 운전해 출퇴근하던 일화는 일간신문에 보도될 정도로 유명해졌다. 광역단체장의 파격적인 관행 파괴는 전남지역은 물론이고 전국적으로도 화제가 됐었다. 그뿐만 아니라 언제 어디서나 솔선수범하시고 항상 직원들을 챙겨주는 마음이 한결같으신 분이다.

토요일이나 일요일 행사에도 홀로 운전을 하고 참석하면서 직원들의 '쉴 권리'를 보장해주며 배려하는 가슴 따뜻한 교육감이었다.


장만채 교육감님의 교육정책에 대한 개혁적인 마인드는 단연 돋보였다. 독서·토론수업의 일반화는 당시 교육계에 큰 반향을 일으키는 혁신적인 정책이었다. 국어, 사회뿐만 아니라 수학수업도 토론식으로 할 것을 권유해 학교현장으로부터 큰 호응을 받았었다.

독서·토론 수업만이 4차 산업혁명 시대를 이끌어갈 창의적인 인재를 길러낼 수 있다는 확신이 있었기에 가능한 일이었다고 본다.

그리고 창의적인 인재를 기르는 데 필요한 다양한 아이디어는 전남교육의 신뢰도를 전국 최상위권으로 올려놓았다.

또한 중학생을 대상으로 하는 선상무지개학교와 고등학생을 대상으로 하는 시베리아횡단열차학교는 지금도 전국적으로 벤치마킹 문의가 잇따를 정도로 획기적인 프로그램이었다.

부모님의 지나친 보호하에 자란 학생들이 열악한 환경의 배나 열차에서 친구들과 함께 독서를 하며 토론을 하는 경험은 학생들 스스로가 창의성을 기르고 여러 가지 능력을 배양하는 데 엄청난 효과를 거두는 체험이었기 때문이다. 특히 친구들과 소통할 수 있는 능력, 남을 배려하는 능력, 서로 뭉치게 하는 능력, 창의적으로 생각하게 하는 능력 등을 키우는 데 효과적이라는 평가였다.


장 교육감님은 어려운 사람을 보거나 억울함을 호소하는 사람을 보면 그냥 지나치는 법이 없다. 아무리 바쁘고 힘들어도 그 일을 해결해야만 직성이 풀리는 분이다.

장 교육감님의 재직시절에 머리 아픈 민원이 너무나 많았다. 학부모들은 자식들 문제만큼은 이성적 판단보다는 흥분하기 쉽기 때문에 자칫하면 교육청과 학부모 간에 부딪치기가 쉽상이었다. 그럴 때면 학부모들은 교육감실을 찾는다. 흥분한 학부모가 교육감과 마주치지 않게 하기 위해, 비서실이 그들에게 최선을 다해 설득하고 노력하는 것은 당연한 일상이었다.

"교육감님 학부모들이 쳐들어 와서 교육감님을 꼭 뵙겠다 합니다."

"잘 알았습니다. 내가 직접 만나 뵙겠습니다."

이럴 때면 격무에 시달리는 교육감님의 입장을 생각해서 걱정도 됐지만, 장 교육감님은 아무리 어려운 일도 스스로 책임지고 해결하려고 노력하셨다.

또한 교육감님은 업무에 대한 열정도 타의 추종을 불허한다. 각 과에서 올라오는 제안서를 검토하는데 흐트러짐 없이 집중하는 모습은 무서울 정도로 대단하게 보였다.

마지막으로 일화 하나 더 얘기하고 싶다.

하나밖에 없는 아들이 결혼하던 날. 혹시 누가 알까 봐 평상시처럼 일정을 잡으라고 당부하시던 모습이 지금도 눈에 선하다. 하루 전에 전화로 갑자기 서울에 일이 생겨 일정에 참석할 수 없다고 하시던 모습도 생생하게 기억난다.

그땐 많은 사람들이 서운하게 생각했지만, 지금 돌이켜보면 이러한 모습도 축의금을 탐하지 않는 청백리의 상을 우리들에게 보여주는 아름다운 삶의 철학이었고, 항상 자신을 낮추고 상대방을 배려하는 마음에서 비롯된 것일 거라 생각되었다. 존경하는 장만채 전 교육감님의 행복과 앞날의 건투를 빌고 싶다.

# 학부모 인연으로 만난
# 참교육자 장만채

| 전남교육청 정책기획관 **김영중** |

　나는 1997년 순천 용당초등학교에서 근무하던 첫해 6학년 3반 학급담임을 맡게 되었다. 당시 내가 맡았던 학급에 장영수란 학생이 있었는데, 그 장영수 학생의 아버지가 순천대학교 장만채 교수였다. 내 학급 학생의 학부모 인연으로 만나게 된 장만채 교수의 그 당시 첫인상은 30대 후반의 자신감 넘치며 안정된 모습의 젊은 교수였다. 훗날 그는 순천대학교 총장이 되었다.

　내가 맡았던 장 총장님의 아들 장영수란 학생은 오동통한 얼굴에 자유분방한 성격으로 늘 명랑하게 생활하며 친구들과 어울려 놀기를 좋아했고 성적도 우수한 학생이었다.

　또한 자기감정에 매우 충실하고 정직했으며 자기 생각을 솔직하

**186**

게 일기로 써서 일기글 발표시간을 통해 종종 학급 친구들에게 잔잔한 감동을 주곤 했다.

이는 아버지의 가정교육과 교육철학의 영향이지 않을까 하는 생각으로 나는 그 학생에게서 좋은 인상을 받았다.

당시 내 기억으로는 장 총장님은 아들과 딸 두 자녀를 키우면서, 늘 친구 사이에 정직할 것과 신의를 지키라고 교육했던 것 같았다. 또한 자식들에게 나의 행복을 소중히 여기는 만큼 이웃을 돌아보고 그 이웃들과 더불어 행복할 것을 배우고 느낄 수 있도록 사랑과 봉사의 체험학습을 온 가족이 주기적으로 실천하고 있다는 얘기를 듣기도 했다.

그리고 자녀들에게 학원을 통한 교과학습 보충보다는 아파트 놀이터를 중심으로 한 또래들과의 놀이활동을 더 강조하셨던 것으로 기억한다.

그 예의 한 가지로 당시 6학년이었던 아들 장영수에게 초등학교 시절 마지막 어린이날 기념으로 그가 갖고 싶어 하던 카세트를 선물하지 않고, 가족들이 모두 찬조금을 내어 지적장애인들이 생활하는 '여수동백원'을 찾아가 장애인 사랑 실천활동을 하며 하루를 보내고 왔다는 이야기를 영수 어머니의 편지를 통해 알게 되었다.

이렇듯이 장애인 사랑 및 불우이웃돕기 실천을 통한 영수의 경험은 당시 내가 맡았던 우리 반 학생들이 학급회의를 통해 주변에 있는 장애인 시설을 찾아가 위로방문 활동을 하는 것을 자연스럽게 받아들이고 기쁘게 활동할 수 있도록 하는 데 큰 힘이 되고 본보기가 되어 주기도 했다.

이러한 사실에서 나는 그 당시 장만채 총장님의 장애인 사랑과 더불어 살아가는 봉사정신을 몸으로 직접 실천하는 참모습을 느껴볼 수 있었다.

1998학년도부터 2년 동안 순천용당초등학교가 외국에서 장기체류하다 귀국한 학생들의 학교생활 적응을 효과적으로 도와주기 위한 연구과제를 가지고 교육부지정 연구학교를 운영하였다.

그 연구학교 주무역할을 우연히 내가 맡고 있었는데, 장 총장님이 미국에서 교환교수로 1년여 동안 체류할 때 아버지와 함께 미국에서 생활하다 귀국한 당시, 장 총장님은 초등학교 3학년인 딸 장영은 학생의 학부모 한 사람으로서 연구학교 협의체위원으로 참여하기도 했다.

그 무렵 늘 겸손한 모습으로 자신을 낮추면서 귀국학생의 학교생활 적응방안에 대하여 도움 말씀을 열심히 해주셨던 분으로 기억한다.

학교에서 뒤떨어진 학교공부 보충도 중요하지만 친구들과 어울려 생활하는 것을 많이 강조하였고, 학생들에게 더불어 살아가는 정신을 다양한 체험학습을 통해 길러줄 것을 학교에 여러 차례 부탁했던 것으로 기억한다.

그분은 서울대학교를 졸업하고 카이스트에서 최연소 박사학위를 받은 매우 능력 있고 촉망받는 젊은 교수로만 알고 있었는데, 항상 겸손하고 성실한 모습으로 학교운영을 도와주려는 모습을 보고 나는 저절로 존경심을 갖지 않을 수 없었다.

자신의 삶을 통해 아는 만큼 실천하고 행동하는 지성인의 모습을 그분의 모습에서 언제나 느낄 수 있었으니까. 이러한 분이 훗날 우리 고장 순천대학교의 총장이 되고, 전남도 교육감을 지냈다는 것이 무척 자랑스러웠고, 우리 전남교육을 걱정하고 교육희망의 대안을 꿈꾸었던 교육자의 실천철학을 보여준 사람이란 걸 알고 매우 영광스럽게 생각하기도 했다.

아래의 글 두 편은 장만채 총장님의 아들 장영수 학생이 용당초등학교 6학년 때 만든 학급문집에서 발췌한 내용으로, 장영수 학생의 어머니가 쓴 글이다. 오랜 시간이 지난 오늘날, 내가 맡았던 학급문집에 실린 장 총장님 가족들의 글들을 읽어보면서 지금 우리가 처한 교육현실을 되돌아보게 된다. 그리고 학부모의 인연으로 만났던 장만채 총장님의 참교육자로서의 실천철학과 그분 가족들이 살아가는 일면을 떠올려본다.


아들에게 주는 편지  차옥주(장만채 부인)

아들 영수에게!

우리 영수가 초등학교에 입학한 지 벌써 6년이 되었구나. 입학식 날 가만히 있질 못하고 움직이고 까불어서 선생님이 첫날 기억한 아이가 너일 정도로 철없었던 우리 아들이 이제는 의젓해지고 사리 분별력이 있어 커가는 모습이 대견하기만 하구나. 오늘은 네가 맞는 마지막 어린이날이다. 우리 가족이 모두 찬조금을 내어 '여수 동백원'에 가서 하루를 보낸 일이 너에게 카세트를 선물 받은 일보다 더 의미 있게 기억되었으면 좋겠다.

엄마가 너에게 때로는 지나치게 간섭하고 강압적이라고 느낄 때도 있지? 엄마랑 아빠는 너에게 공부보다 더 크고 넓고 깊은 참다운 인생을 심어주고 싶은 욕심이 많으나 뜻대로 잘되지 않을 때가 있구나. 그러나 영수야, 너는 아빠가 너에게 얼마나 큰 꿈을 심고 있는지 느낄 수 있지? 자신보다는 남이나 나의 가족도 돌아보며 살 줄 아는, 즉 이기적인 사람이 되지 않았으면 하는 것이 엄마 아빠의 가장 큰 바람이다.

과학자가 꿈이라는 너에게 아직은 다른 많은 길이 있음을 가르쳐 주진 않았으나 인생이란 훨씬 보람 있고 가치 있는 일이 무궁무진하며 그 길 또한 여러 갈래임을 네가 곧 알게 되리라 믿는다. 무엇이 되든 영수 너로 인하여 행복해 하고 이 세상이 살 만한 가치가 있다는 이들이 많다면 그보다 좋은 일이 어디 있겠느냐.

동생에게는 항상 너그럽고 너 자신에게는 엄격하여라. 친구는 이 세상에서 제일 좋은 재산이니 친구를 잘 사귀고 네 자신의 교양과 지식을 차근차근 쌓아가거라. 네가 맞는 마지막 어린이날에 엄마가 너에게 지나치게 주문하고 있구나. 그러나 우리 가족(엄마, 아빠, 할머니, 할아버지, 삼촌) 모두는 너를 너무너무 사랑한다.


우리의 교육 장영수 (장만채 아들)

우리나라는 초·중·고등학교 과외비 및 학원비 등 사교육비가 무려 15조 원이나 된다고 한다. 우리나라 1년 예산 63조 원의 약 20%나

되는 어마어마한 양의 돈이다. 특히 고등학교 3학년들은 수능고시 때문에 온갖 학원에 다니고 있다.

고등학교 학생들은 수업이 끝나면 수능고시, 각종 시험 등에 대비하기 위해서 늦은 시간에 학원으로 발걸음을 옮긴다. 어느 가정에서는 월급의 40%가 자식들의 사교육비에 들어간다고 한다. 심지어는 330만 원이 교육비로 지출된다고 하는 가정도 있다. 우리나라의 교육현실이 점점 잘못되고 있다.

교육이 '인간을 널리 이롭게 한다'라는 홍익인간 정신을 잃고 오히려 사람들을 망치게 한다. 현재의 교육에 반대하는 시위도 있었다. 15조 원이면 우리 반 학생들이 죽을 때까지 쓰고도 남을 정도의 돈이다.

그래서 나라에서는 제4차 교육개혁 지도방안이 나왔다고 한다. 너무 공부에만 지치는 고등학교 형들이 안타깝게 느껴졌다. 우리 모두가 열심히 노력해야겠다.


1997년, 순천용당초등학교 6의 3 졸업문집에서 뽑음

# 지도자로서
# 철학을 지닌 사람

| 순천대 교수 **강종구** |

　순천대학교가 개교해서 얼마 되지 않았던 1985년 약관 나이의 교수가 부임했다는 것은 상당한 반향을 불러 일으킬 만한 사건이었다. 바로 장만채 교수의 이야기다. 그는 어떤 어려운 조건에서도 불합리한 것에 대해 자기의 목소리를 내는 거칠 것이 없는 당당한 젊은 교수였다. 내가 조교를 했던 때는 학생운동이 심하던 시기여서 학생지도에 어려움이 많았었다. 문제해결이나 학생지도가 필요한 현장에 자주 모습을 보이곤 한 것으로 보아 장만채 교수는 학생과 교육에 대한 애정이 남달랐던 것 같다. 이러한 교육에 대한 남다른 열정 때문에 장만채 교수는 순천대 총장을 거쳐 전남도 교육감으로 당선될 수 있었다고 생각된다.

나는 장만채가 순천대 총장과 전남도 교육감을 거치며 살아온 공직자로서의 자세를 높이 평가하고 존경한다. 그가 총장 시절 나는 학생처장으로 근무했었다. 그는 앞날을 내다보는 혜안이 있었다. 대학이 어려워질 것을 예상하여 여러 가지 대책을 세우고 사업을 추진하였다. 광양캠퍼스 설립을 비롯하여 의대, 약대 및 간호학과 유치 외에도 인쇄전자공학과를 설치하고, 필요한 사업단을 유치하기 위하여 교육부를 오가며 불철주야 노력했었다. 그 중에서도 광양캠퍼스 설립이 실패로 끝난 것은 못내 아쉽다. 만약 광양캠퍼스가 설치되었더라면, 순천대의 발전은 물론 대외적으로 포스코 등 지역기업체와 협력하는 산학관의 유기적 체계가 구축되었을 것이고, 여수·광양·순천의 화합과 통합에도 상당한 영향을 미쳤을 것이다. 당시 재학생 수가 1만 명 수준에서 현재 6,000명 수준으로 감축되었고, 앞으로도 계속 감축해야 할 상황을 감안하면, 어차피 감축해야 할 인원으로 광양캠퍼스를 만들었다면 하는 아쉬움이 더 크다.

나는 그가 교육감 재직시절 전남교육을 위해 진행했던 많은 사업들은 차치하고라도 아들의 혼사를 아무에게도 알리지 않고 가족들끼리 치른 것에 대하여 공직자가 갖추어야 할 자세로서 대단히 높이 평가한다. 다른 사람들을 불편하게 하지 않겠다는 배려에서 비롯된 것임을 나는 잘 안다.

그는 지도자로서 해야 할 업무에 대해 잘 알고 있으며 해결할 방안을 갖고 있는 유능한 사람이다. 교육현장에서 문제는 어느 곳에서나 일어날 수 있다. 그는 문제가 일어났다고 문책하지 않는다. 다만 문제 해결을 위한 방식이나 절차를 중요하게 생각하며 그것이 잘못되었을 때 질책을 한다. 그는 책임을 질 줄 아는 지도자이다. 권위를 내세우지 않고 부하에게 책임을 전가하지 않으며, 부담을 주지 않는다. 그는 청렴하고 검소하며 소박하다. 약자를 돌볼 줄 아는 따뜻한 가슴을 가진 사람이다. 그에게는 사람 냄새가 난다. 시장통 국밥집을 좋아하고 동네 목욕탕을 자주 다닌다. 나는 지금도 그를 변함없이 존경하고 사랑한다. 나는 장만채가 순천대 총장, 전남도교육감을 넘어 앞으로 지역사회를 위해 의미 있는 일을 할 수 있기를 진심으로 바란다. 내가 사랑하고, 장만채가 사랑하는 순천의 발전을 위해서….

# 장만채는
# 이런 사람입니다

| 정책연구소장 **김태문** |

1. 혁신적이다.

   혁신학교 추진, 획일화를 강요하는 일제고사 폐지, 전남의 학생
   들에게 유리한 수시 전형을 대비하여 일반고 체제개편과 전남형
   애프터스쿨 도입

2. 사회적 약자와 소외된 자들을 챙긴다.

   전국 최초 비정규직 노조설립 지원, 요양원이나 고아원 등을 지
   속적으로 방문하여 격려하고 어려움을 함께함

3. 보편적 복지를 추구한다.

   무상급식 확대, 무상의무교육 추진(체험학습비, 수련활동비, 수학여
   행경비 등)

4. 미래지향적이다.

전남의 미래를 고민하고 남들보다 한발 앞서 대안 제시, 미래지향적 정책 마련 및 집행

5. 진보적 가치를 추구한다.

노동인권교육 실시, 5·18수업과 세월호 수업 등 계기 교육 활성화, 환경교육센터 설립 등 지속가능한 교육정책 실시

6. 추진력이 있다.

수많은 지역주민의 반대에도 불구하고 직접 지역을 돌며 거점고 육성을 추진했고, 6여 년이 지난 지금은 많은 사람들이 공감하고 칭송하고 있음

7. 전남을 사랑한다.

50%에 가까운 전남의 작은 학교를 살리기 위해 동분서주했음

8. 자치를 소중히 한다.

도민감사관제, 청렴옴부즈만, 주민참여예산제, 전남교육미래위원회, 전남학생참여위원회, 학생자치법정 등의 정책을 통해 '자치'의 소중함을 확산시키고자 노력함

9. 글로벌한 사고를 가지고 있다.

중학생을 대상으로 선상무지개학교, 고등학생을 대상으로 시베리아횡단 전남독서토론열차학교 시행, 특성화고 글로벌 현장실습, 교원 유학프로그램, 청소년 해외봉사 프로그램, 다문화학생 엄마나라 방문 프로젝트 등을 통해 전남의 학생들에게 글로벌 마인드를 확산시킴

10. 역사를 소중히 여긴다.

중학생 대상 선상무지개학교를 통해 상해 임시정부 방문 프로그램과 고등학생 대상 시베리아횡단 독서토론열차를 통해 항일독립운동 유적지 방문 프로그램을 운영하였고, 전남 전체 학교에 친일사전을 보급함

11. 평화의 가치를 소중히 여긴다.

선상무지개학교를 통한 나가사키 평화공원 방문 프로그램을 실시함

12. 대안교육에 관심이 많다.

공립형 대안학교인 한울고와 청람중 설립, 학교 부적응 학생들을 위해 wee스쿨 이음 설립

13. 실용적이다.

정부로부터 거점고 육성 예산 약 4,000억 원을 추가로 지원받음

14. 인간적이다.

세월호 사건 이후 아무도 모르게 팽목항을 방문하여 유가족과 아픔을 함께 나눔

5·18 기념행사에 참석하여 유가족들의 아픔을 함께 나누며 절규함

"교육에 대한 나의 철학은
평등과 나눔에 기반을 두고 있다.
인간은 누구나 태어나면서부터
사랑받을 권리를 갖고 있기 때문이다."

**3부**

# 나의
# 꿈과 소망

손자와 함께

# 사람의 향기는
# 바람도 거슬러 멀리 간다

'아름다운 꽃이나 뿌리나 줄기에서 나는 향기는 바람을 따라서 풍긴다. 하지만 사람의 향기는 바람이 불거나 불지 않아도 풍기고, 때론 그 바람을 거슬러서도 풍긴다. 특히 가르침에 따라가는 사람의 향기는 시공을 넘어 멀리 간다. 가르침과 배움의 한 중심점인 교육이 참으로 멀리 가는 사람의 향기임에랴!'

벼가 누렇게 익어가는 들판과 서서히 가을을 준비하는 산야의 모습을 보면서 사람의 향기가 그리워지는 계절임을 실감하며 '덕향역풍훈(德香逆風薰) 덕인편문향(德人片聞香)'이라는 구절이 새삼 생각난다.

꽃의 향기를 싫어하는 사람이 없듯이 덕 있는 사람 또한 좋아하지 않는 이가 없을 것이다. 그래서 우리 모두는 '나에게 당당하고, 남에게 도움이 되는 향기로운 사람'이 되고자 가르치고, 배우기를 평생 동안 할 뿐 아니라 대를 이어 반복되는 것이다. 그것이 교육에 대한 우리의 열망이자 모든 것에 우선하는 교육의 중요성이다.

《채근담》에 '세상에 나타나는 모든 인연은 잘 쓰면 살리는 작용을 하고, 잘못 쓰면 죽이는 작용을 한다(總出世上人, 善用者生機 不善用者殺機).'는 말이 있다.

이 말은 사람의 향기가 얼마나 중요한가를 일컫는 말이라고 생각한다. 누렇게 익어가는 벼는 모종의 여린 모습을 품고 있으며, 잘 익은 빨간 고추는 이른 봄날 장터에 나와 주인을 기다리던 연약한 고추 모종을 안고 있다.

어떤 모종은 튼튼해서 어느 토양에서나 잘 자라기도 했겠지만, 어떤 모종은 주인의 정성으로 무더위와 거센 태풍도 잘 견뎌내서 지금 이 순간 황금빛 물결과 함께한 것이라 생각해본다.

이처럼 사람은 누구를 만나 어떻게 함께하느냐 하는 것이 무엇보다 중요하다.


꽃의 향기는 십리를 가고, 말의 향기는 천리를 가고, 사람의 향기는 수만 리를 간다는 말이 있다. 향기로운 인품은 단순히 책이나 실험을 통해 얻거나 배울 수 있는 것이 아니다. 그것은 모든 것을 사랑하고 존중하는 마음에서 싹이 튼 것이기 때문이다.

생명을 소중히 여기고 자연과 사람을 사랑하며 온전한 자신의 삶을 성실하고 정직하게 살아갈 때, 스스로 아름다운 꽃을 피우는 것이다. 이 세상에 있는 모든 존재는 그 자신의 방식으로 그 자신의 삶을 향기롭게 살아갈 권리가 있으며, 그것을 키워내는 것이 또한 교육인 것이다.

항상 우리와 함께 있어 고마움을 잊고 사는 물과 햇볕과 공기에 대해서 생각해본 적이 있는가? 그들은 그들 나름대로 자기 몫을 하면서 누구에게라도 아낌없이 다 주고도 바라는 게 없지 않은가? 물은 햇볕을 만나 수증기가 되기도 하고, 그 수증기는 다시 비로 내려 물이 되기도 한다. 그들은 때에 따라 서로에게 도움을 주며 필요한 존재가 되기도 하고 다시 제자리로 돌아와 자신의 몫을 다하는 거다.

우리는 자신의 몫을 당당하게 해내면서 누군가에게 필요한 때가 되면 내 자신을 내어 주어서 모두가 상생하는 삶을 살아야 참된 가치를 인정받을 것이다.

가을의 정취가 만연한 계절이다. 가을은 깊어갈 것이고 머잖아 사람들은 찬바람에 옷깃을 세우며 종종걸음을 걷게 될 것이다. 이럴 때면 사람의 향기가 더욱 그리워진다.

그래도 어김없이 봄은 온다는 것을 믿기에 우리들은 변함없이 해가 뜨면 하루를 시작하고 바쁜 일상을 살아가는 것이다.

사람의 향기는 시공을 넘어 바람도 거슬러 간다는 희망을 품고 살아갈 것이다.

# 물은 스스로 흘러서
# 남들도 행복하게 한다

　모든 사람들은 행복한 삶을 이루기 위해 자신의 가치관과 목적을 스스로 정립하고 성취하기를 원한다. 올바른 가치를 추구하고 지혜와 능력을 갖추어서 자신의 역할과 자신의 존재가 누군가에게 도움이 되었을 때 가장 큰 행복을 얻는 것이다.

　우리는 해마다 봄이 되면 항상 더불어 사는 세상을 꿈꾸며 새로운 출발을 생각한다. 이럴 때면 새로운 출발은 우리를 설레게 하고, 살아 있다는 기쁨을 주며, 다시 일어설 용기를 준다. 그래서 봄은 해마다 어김없이 찾아와 삶의 수레바퀴를 새롭게 돌리는 것이다.

　요즘 춘분을 지나 생명의 근원이 봄을 바쁘게 움직이고 있는 것 같다. 대기의 흐름인 바람은 움직임으로써 살아있다는 표현을 한다. 강물이 흐르고 바다가 출렁이는 것도 살아있기 때문이다.

이 세상에 살아있는 것들은 멈추거나 고정되어 있는 법이 없다. 죽은 듯 서 있는 나무들 속에서도 생명의 흐름은 준비를 멈추지 않기에, 나무는 때가 되면 어김없이 새순을 틔운다.

모든 것은 변화를 거치면서 살아 움직이고 움직이면서 변화하기 때문이다. 이런 변화와 움직임을 통해서 새롭고 신선한 삶을 이룰 수 있는 거다. 이것이 생명의 원리이다.

물질만이 아니라 사람의 생각도 어느 한 곳에만 얽매여 갇혀 있게 되면 그 이상의 성장이나 발전은 없다. 새로워지기 위해 우리는 무수한 출발을 하기도 한다. 또한 출발은 언제나 열정과 변화를 동반하기도 한다.

때때로 우리는 가야 할 길을 생각하며, 사회와의 연관 속에서 나에게 주어진 몫을 해내기 위해 끊임없는 도전을 하는 것이니까.

물이 어느 곳에서 흘러와 무엇을 만나든 간에 흐름을 그치지 않고 자기 길을 가듯이 우리도 새로움을 찾아 더 나은 미래를 위해 끊임없는 열정으로 새로운 출발을 해야 한다.

'아무리 어렵고 험난한 길이라도 나 이전에 누군가는 이 길을 지나갔을 것이고, 아무리 가파른 고갯길이라도 나 이전에 누군가는 이 길을 넘었을 것이다.'

길이 있는 곳에는 항상 먼저 간 사람이 있다. 오늘 우리가 두려움을 안고 시작한 출발과 함께하며 겪는 온갖 고통과 이 고통을 이겨내기 위한 의지적인 노력은 이 다음에 올 후세인의 새로운 길이 되고, 그들이 거둘 새로운 열매를 약속하는 씨앗이 될 것이다. 그렇기에 이 어려움을 어떤 방법으로 극복하느냐에 따라서 미래 우리의 모습은 결정되는 게 아닌가?

흐르는 물이 있어 인간이 살고 세상이 돌아가는 것처럼, 그가 살아서 더 좋은 세상이 되었다고 평가받는 것이 우리 모두의 바람이 아닐까!

찬 기운이 남아 있는 들판은 조용하다.

새순을 키우는 생명의 물도, 봄을 준비하는 산천의 개울도, 새싹을 품은 그 씨앗들도 아직 땅속에서 숨죽이고 있을 거다. 머잖아 찾아올 자연의 눈부심을 알기에 기다리며 웅크리고 있을 테니까. 곧 싹을 틔우고 어려운 환경과의 치열한 싸움을 벌이며 흐르고 흘러 생명을 키워 열매를 맺을 것이다. 채근거리지 않아도 스스로 살아있다는 몫을 다하며, 무엇을 맺고 무엇을 버려야 하는지 아는 자연의 자생력처럼….

거친 세상을 향해 새로운 변화를 시작하는 우리 아이들에게 절실히 필요한 덕목이 아닐까?

교육은 행복하고자 하는 우리들의 희망을 일구는 것이다. 무엇보다 건강하게 자라서 순수한 자생력으로 자신의 미래를 가꾸어나가는 것이 아이들에게는 축복일 것이다. 아울러 진정으로 자기가 하고 싶은 일을 즐겁게 하면서 성공하는 삶을 살아가고 사회에 기여할 수 있을 때 최상의 행복을 누리게 될 것이다.

이제 봄이 한창이다. 골짜기를 흐르는 물들은 희망을 노래하고, 산과 들의 풀꽃들도 세상을 향해 자신들의 향기를 보낸다. 우리도 사람의 향기로 살맛나는 세상을 일궈야 한다는 게 나의 간절한 소망이기도 하다.

# 푸른 하늘이 얼마나 넓은가는
## 詩로써 재며 산다

'아는 노릇은 좋아하는 노릇만 못하고, 좋아하는 노릇은 즐기는 노릇만 못하다(知之者 不如好之者, 好之者 不如樂之者).'

공자의《논어》옹야편에 나오는 말이다.

교육의 중심에는 항상 사람이 있고, 그 모든 사람이 더불어 마음을 열고 각자의 생각을 인정하고 존중하며, 서로가 소통을 통하여 창조적 사고, 문제해결능력을 갖추게 하는 감성교육은 시대를 넘어 현대에도 매우 중요한 교육의 핵심이다. 그래서 앞으로의 세대를 감성의 시대, 그리고 창의·인성의 시대라고 말한다.

우리가 맡고 있는 교육은 현재의 먹고사는 것에 관한 부분이 아니라, 앞으로 20년, 30년, 40년 앞의 미래를 준비하는 것이다. 미래의 우리 아이들이 주도해나갈 시대에는 감성과 창의력이 능력을 평가하는 중요한 요소가 될 것이다.

이제는 머리가 아닌 가슴을 겨냥한 감성 중심 교육을 해야 할 때다. 감성교육을 통해 아이들은 소질과 능력을 키우고, 자신들의 감정을 조절하고, 상대방을 배려할 줄 알며, 함께 문제를 해결할 수 있는 '감성 리더'로서의 능력을 갖추게 될 것이다.

어린 시절 열심히 외우고 썼던 수학 공식이나 영어단어를 기억하기는 매우 드물고 어렵지만, 찰흙을 만질 때의 그 친근한 즐거움이나 시를 외우며 가슴에 진한 울림을 가졌던 삶의 순간들이 우리에게 용기를 주고 기쁨을 주지 않았던가?

교육은 모든 개인이 타고난 저마다의 능력을 길러 개인의 꿈을 이루고, 더불어 사회의 발전에 기여하며, 국가와 민족의 미래를 일궈내는 우리의 시대적 사명이다. 그래서 감성과 창의력의 시대를 대비하는 문화·예술 교육이 오늘날 교육의 과제인 것이다.

문화·예술교육은 개인은 물론 사회를 변화시키는 힘이 있다. 문화·예술교육을 통해 폐교 위기에 처했던 농촌의 작은 학교가 다시 찾는 학교로 바뀌고, 지역공동체는 활력을 되찾고, 낙후된 지역은 문화도시로 변모한 사례도 있다. 예술교육을 통해 아이들은 자신감을 갖게 되고, 교실엔 생동감이 넘친다고 한다. 학교의 문턱을 낮춰 학부모·마을 주민과 소통하게 된 것도 문화·예술교육이 만들어낸 의미 있는 변화라고 할 수 있다.

특히 어릴 적의 문화·예술교육은 삭막한 지식논리 중심의 두뇌활동에 감성의 날개를 달아준다. 창의적 사고를 가진 인재가 현대 사회의 리더가 될 수 있는 것처럼, 아이들이 스스로 생각하고 상상한 것을 오감을 통해 이성적 사고와 창의적 사고로써 미래를 설계해나간다면 보다 능동적 인재가 될 것이 분명하기 때문이다.

푸른 하늘이 얼마나 넓은가는 詩로써 재며 사는 거예요
밤에 뜨는 별은 바다 깊이를 아는 가슴으로 헤는 거예요

전남의 많은 학교들이 김광섭 시인의 〈소망〉이라는 이 시처럼 아름다운 꿈을 꾸며, 더불어 미래를 일구는 감성인재의 산실이 되기를 희망한다.

# 사람이 보일 때 새벽이 오고 변화는 시작된다

"학이시습지 불역열호(學而時習之 不亦說乎)"

최첨단 시대인 지금 새삼스럽게 이 구절을 이야기하는 이유는 성공적인 학습 활동의 세 가지 원칙이 모두 여기에 표현되어 있기 때문이다. 그 세 가지란 '學(배움)', '習'(익힘), '說'(기쁨)이다. 즉, 수업시간에 잘 배우고, 잘 익혀서 내 것으로 만든다면 이것이야말로 무엇과도 바꿀 수 없는 기쁨이요, 보람이라는 것이다. 오늘날 말하는 배움 중심, 학습자 중심 수업을 뜻한다.

이 가르침은 공부를 통한 기쁨의 출발은 곧 배움이라는 소중한 의미를 오늘날 우리 선생님들에게 던져주고 있다. 공자의 제자들은 공자에게서 평생 공부하는 사람으로 살아가는 법을 배워 기쁨을 얻었으며, 소크라테스의 제자 플라톤은 공부의 즐거움을 발견하고 서양 철학의 근본을 확립했다. 열정적인 가르침, 가능성을 일깨워주는 가르침, 기를 살려주는 가르침, 배움의 기쁨을 함께하는 가르침을 통해 학생들은 즐거운 배움을 경험하게 되고, 선생님의 수업을 통해 행복한 학문의 문을 열게 되는 것이다. 한 사람의 일생을 바꿀 수도 있는 가르침을 위해 우리는 더 많은 변화를 준비해야 할 것이다. 그래서 수업의 개선, 교실혁신이 교육변화와 발전의 중심인 것이다.

한 나라의 현재를 보여주는 것은 경제이고, 미래를 약속하는 것은 교육이라고들 하는데, 나는 교육의 미래를 보장해주는 것은 연구활동이라 생각한다.

교육이 미래에 대한 투자이고 현재를 보다 좋게 하기 위한 것이라면 우리는 끊임없이 개선하고, 미래지향적으로 나아가야 할 것이다. 교육은 항상 학생 중심이어야 하고, 우리 모두는 학생들의 교육을 위해 최선을 다할 의무가 있다. 뿐만 아니라 현장교육 연구활동을 지원하고 학습방법 개선을 선도하는 연구기관의 임무 또한 막중한 것이다.


어느 날 랍비가 제자들에게 물었다.

"너희는 새벽이 오는 것을 언제 아느냐?"

제자들이 답했다.

"고양이와 양을 구별할 수 있을 때 먼동이 트는 것을 압니다."

"무화과나무 잎과 포도나무 잎이 구별될 때 새벽이 오는 것을 압니다."

"아니다. 모두 아니다. 이웃이 네 눈에 보일 때가 어둠이 걷히고 새벽이 오는 때이니라."

사람이 보일 때 그때 우리에게 새벽은 오고 변화는 시작된다.

더불어 배우며 미래를 일구는 인간육성은 교육의 비전이다. 수업혁신으로 미래 학습역량을 키우고, 창의와 인성교육, 독서토론수업 활성화, 감성 중심 문화예술 강화, 무지개학교 운영 등을 실천하여 시대에 가장 의미 있는 가치 생산을 위한 전문성과 유연성에 기초한 창의성을 지닌 인재 육성을 추구해가야 한다.

교육이란 열정과 노력이며, 시간이 걸리고 정성이 필요하다.

우리는 학생들이 모두 함께 공감하면서 자신만의 열정과 노력으로 보다 바람직한 미래를 이룰 수 있도록 열정을 쏟아야 한다. 함께하는 즐거움을 누리게 하고, 학생의 자율을 보장하여 그들의 역할을 이끌어내야 하기 때문이다. 그러기 위해서는 교사나 전문직 자신에 대한 연수나 연구도 게을리해서는 안 된다. 부단히 연구하고 노력하는 교육공동체가 되어야 한다. 이것이 변화하는 학교문화에서 학생을 '지식형성공동체'의 '참여자'가 되게 하는 발전적 학습환경이다.

교육은 백년을 내다보는 큰 비전인 만큼 시작이 비록 어렵고 더딜지라도 지속가능한 길을 택해야 한다. 학생과 교사, 학부모, 지역사회 모두가 행복한 미래를 가꾸는 전남교육이 되도록 노력할 것이다.

# 오합혜의 전승이 밝히는
# 배려의 등불

　아무리 작은 묘목이라 할지라도 비옥한 토양이라야 몇 백 년을 지키는 거목으로 자랄 수 있는 것처럼, 우리 청소년들도 교육환경이 안전해야만 건강한 내일을 꿈꾸고 미래의 동량이 될 수 있을 것이다.

　교육은 우리 청소년들이 진정으로 행복한 삶을 살 수 있도록 기르는 일이다. 미리 살피고 바른길을 제시하여 스스로 삼갈 줄 알고 자신을 관리할 수 있는 능력을 길러주는 예방이 가장 바람직한 생활지도이다.

　"삶에 있어 최상의 행복은 우리가 사랑받고 있다는 확신이다."

　빅토르 위고가 말했듯이 이번에 발표되는 현장의 사례들은 어렵고 힘든 상황에서 방황하고 갈등하는 청소년들에게 사랑받고 있다는 확신을 심어준 보편적 윤리의 실천 지침서가 되리라 기대한다.

옛날 우리 선조들은 먼 길을 갈 때, 여러 켤레의 짚신을 마련해서 떠났다. 그런데 그 중 반은 비교적 오래 신을 수 있도록 단단하게 삼은 '십합혜'이고, 나머지는 느슨하게 삼은 '오합혜'였다고 한다. 튼튼하고 오래 신을 수 있는 십합혜만 가지고 떠나는 것이 실속 있음을 모를 리 없지만, 그런데도 큰 길을 걸을 때는 십합혜의 촘촘한 바닥의 짚신을 신고, 산길에서는 오합혜의 느슨한 짚신으로 갈아 신었던 것이다.

왜 그렇게 하였을까?

산길에는 개미 같은 작은 벌레가 많으므로 밟더라도 죽지 않게 하기 위해서 느슨한 신발을 신었던 것이다. 불편한 줄 알면서도 두 가지 짚신을 마련하여, 산속에 기어다니는 보잘것없는 벌레의 목숨까지도 배려한 선조들의 따뜻한 마음씨에 절로 머리가 숙여진다.

봉사에서 관심의 대상은 사람이다. 즉, 사람을 좋아하고 가식 없이 마음속으로부터 진실되고 참되게 '상대방이 행복하거나 불행하거나 나를 같이 나누고 싶다'라는 마음을 가진 사람들만이 청소년들에 대한 사랑을 실천할 수 있다고 생각한다.

'축복받은 사람은 주는 사람이다.'

이러한 가르침이 있지만, 실상 받는 것 없이 주는 것도 쉽지 않다.

우리는 단 한 사람의 아이도 소외받지 않도록 '소통과 협력으로 함께하는 전남교육'을 지향하고 있다. 청소년들의 건강하고 밝은 심성 함양을 위해 현장에서 묵묵히 청소년 사랑을 실천하시는 모든 분들 이야말로 교육발전의 든든한 버팀목인 것이다.

사회 각계각층에서 뿐만 아니라 자신의 자리에 맞게 가정에서, 학교에서, 사회 곳곳에서 청소년의 밝은 내일을 지켜주는 현장의 봉사 사례들이 얼마나 소중한 사랑의 실천인지 느끼고 있기 때문이다.

# 가을산은 산처럼 키우고,
# 가을강은 강처럼 가르치라

　많은 사람들은 바른 것과 그것을 이루고자 하는 열정, 그리고 평등
과 청렴을 추구한다. 언제부턴가 이것들이 실현되어야 할 가치라는
것을 느끼면서 할 일이 많아졌다.

　창을 열면 밀려오는 서늘한 바람을 맞으며, 모두에게 평등한 것이
얼마나 행복한 것인지를 실감하는 가을 아침이다. 나는 가을이라는
계절 앞에서 참 많은 것을 배운다. 먼 산이 가까이 다가오고, 하늘이
저만큼 훌쩍 높아질 때 가을은 어김없이 찾아온다.

　시인 윤동주가 부끄러움을 느낀 하늘에서 바른 것과 그것을 이루
고자 하는 열정을, 그리고 인간이 추구하는 무한한 가능성을 배운다.
가끔씩 구름이 몰려와 세상이 순탄하지만은 않다는 것도 새삼 깨닫

게 하기도 한다.

　가까이 다가온 산은 우리의 삶을 도란도란 다독이며 함께 가는 거다. 그래서 가을 산에서는 너와 나의 어울림과 배려와 양보 그리고 버림과 기다림을 배운다. 단풍이라고 해서 빨갛기만 하지도 않고 적당히 나누어 노르스름하기도 하고, 붉으스레 하기도 하고, 때론 푸르게 그대로 남아 각자 자기 빛깔을 내며 알맞게 어울리는 모습에서 각양각색의 인재상을 다시 깨닫게 한다. 돌아오는 봄을 준비하느라 잎을 스스로 떨쳐내고 혹독한 겨울을 이겨내는 나무들의 과감한 버림과 기다리는 인내를 배우기도 한다.

　풍성하던 들판이 어느새 황량한 벌판으로 변하는 만추의 들녘에서 비워야만 다시 채울 수 있다는 비움의 미학과 다시 채우기 위해 꿈을 꾸는 기쁨도 크다는 것을 배운다.

　계절을 안고 흐르는 강가에서 가을을 만나면 나를 버리고 하나가 되는 법을 배운다. 샛강을 안고 가는 모든 강물은 바다를 향해 끊임없이 서로서로 어깨를 밀어주고 끄덕이며 흘러서 바다에 이르면 자신의 이름을 버리고 큰 바다가 되는 것도 자연의 섭리이지 않을까? 진실로 받아들인다는 것, 융합에 의해 위대해지는 힘, 화해의 진정한 의미를 거기서 배운다.


　인간의 삶에서 자식이 차지하는 비중이 본인 자신보다 크듯이 자녀교육에 대해 지나칠 정도로 열정을 쏟는 것은 인지상정이라 생각한다. 그래서 인간이 있는 곳에 교육이 있고, 교육이 살아야 경제가 살고 그 지역, 그 나라가 살게 되는 것이다.

심은 대로 거두는 농부의 손길에서 떨어져 남겨진 한 알의 낱알이 누군가의 요긴한 식량이 되듯이 이 세상에 소중하지 않은 것은 없다. 모두에게 소중한 사람, 그들 모두를 아우르는 교육이 우리에게 행복으로 다가올 수 있도록 노력할 것이다.

무더위 속에서 결코 찾아올 것 같지 않던 서늘함이 때가 되면 어김없이 찾아오듯이 '언젠가는 진실이 통한다.'라는 일상적 삶의 진리를 믿으며, 더디 가지만 확실하고 진실하게 다가가서 교육의 행복한 변화를 함께 이루고자 한다.

가을은 우리에게 하늘 보고 살면서, 산처럼 들판처럼 키우고, 강물처럼 함께 가라고 가르친다.

봄은 살아나는 생명을 통해 지난 시간을 어떻게 살아왔는지 일깨워주지만, 가을은 돌아올 날들을 준비하게 한다. 그래서 가을에는 갈무리가 필요하다. 그러나 서두를 필요는 없다.

그냥 그 자리에서 지금까지 걸어온 길을 되돌아보고 가을이 우리에게 보여준 희망과 나눔과 배려와 조화, 그리고 바른 것과 그것을 이루고자 하는 열정, 평등과 청렴 등을 생각하며 작은 흔적을 남기면서 또 다른 가을을 향해 나아가면 되는 것이니까.

그러면 미래가 희망처럼 기다리고 있을 테니까.

# 삶터를 살리는 지혜를
# 지렁이에게서 배우다

현대인에게 있어 문맹, 컴맹보다 더 무서운 것이 생태맹이다.

우리는 내가 지금 물을 마시기 위해 사용하는 종이컵은 알지만 그
것이 무슨 나무로 만들어졌으며, 버려진 종이컵은 어디로 가는지 어
떻게 되는지는 알지 못하고 알려고 하지도 않는다.

모든 사물은 그것이 유기체든 무기체든 소중한 그것만의 품격을
지니고 있다. 하지만 우리가 간혹 이런 것들을 대할 때, 우리는 그 안
에 깃든 생명을 보지 못하고 외형만 판단할 뿐 그냥 쉽게 취하고 쉽게
버리기도 한다. 심지어 생명을 가진 존재들조차 하나의 이용물로 취
급되기 일쑤이다.

지구는 인간은 물론이고, 동물과 식물 그리고 미생물까지 함께 살

아가는 공동의 공간이다. 우리는 흔히 지구가 인간을 위한 행성이라고 생각하지만, 실은 우리가 지구에 태어난 시기나 그 수 등을 생각해본다면 하찮게 여기는 곤충 등 다른 동물에 비해 감히 주인이라고 주장할 수 없을 것이다. 그런데 인간에 의해 지구의 생태계가 위협받고 생명체의 멸종을 걱정하는 상황이 되었다면, 이제라도 우리는 후손들을 위하고 지구의 생존을 위해서 이기심을 버려야 하지 않을까?

우리가 미물이라 하찮게 여기는 지렁이는 24시간 내내 자기 몸무게만큼만 먹는다. 처리하지 못한 음식물을 주면 남김없이 먹고 바로 배설하며 지렁이의 배설물은 다시 농사의 퇴비로 쓰인다. 자칫 잘못하면 인간의 발길에 밟혀 생명을 잃기도 일쑤이지만, 그래도 흙 속에서 스스로 개체수를 조정해가며 살아가는 지렁이는 지구의 환경을 살리는 해결사이기도 하다.

우리는 하찮은 미물을 통해서도 지혜로운 삶을 배워야 할 것 같다.

녹색성장! 말 그대로 자연에 피해를 주지 않고 나라를 발전시키는 동력, 즉 새로운 환경을 사랑하는 법을 배우려는 순수 자연에 대한 갈망이다. 글로벌 시대 세계 선진도시는 친환경 도시를 추구하며 환경을 고려하지 않으면 지속가능한 발전은 없다고 말한다. 각계각층 지역민이 한 마음 한 뜻으로 어울려 사는 건강한 지역, 일 하기 좋은 활력 있는 지역, 여유 있고 문화적인 지속가능한 지역 발전의 원동력은 환경교육에 있다.

어제가 오늘을 만들었고, 오늘이 내일을 이루며, 내일이 있어야 역사가 된다. 그러기에 우리는 현재를 위해 수천 년 가꾸어야 할 나무를 베어내고 있는 것은 아닌지, 우리가 무심코 던져버린 쓰레기가 환경을 오염시키고, 생명체들을 멸종으로 몰아가고 있는 것은 아닌지, 항상 생각하며 살아가야 한다.

# 세상은 연두와 초록이
# 함께하기에 아름답다

사람은 누구나 이 세상에서 살 가치와 스스로의 몫을 가지고 태어나며, 자신의 타고난 능력을 길러 꿈을 이루고 살아갈 때 행복을 느끼게 된다.

그리고 개인의 성공은 언제나 조직과 사회와 국가에 기여했을 때 진정한 성공이라 할 수 있다.

'구름은 희고, 산은 푸르며, 시냇물은 흐르고, 바위는 서 있다. 꽃은 새소리에 피어나고, 골짜기는 구르는 물소리에 메아리친다.'

《소창청기》라는 옛 책에 실려 있는 구절이다.

자연은 저마다 있을 자리에 있으면서, 서로 조화를 이루기 때문에 고요하고 평화롭다는 뜻이다. 우리 인간도 마찬가지라고 생각한다.

우리가 곁에 있는 사람의 얼굴을 한 번 살펴보면 모두가 다르다. 형제자매도 비슷할 수는 있지만 똑같지는 않다. 우리 모두는 세상에 단 한 사람으로 초대받은 개인이기 때문이다.

또한 사람은 혼자 사는 존재가 아니다. 각자 개별적인 환경에 있으면서도 더불어 함께 살아야 하는 사회적인 존재이다. 떨어져 살면서도 다 얽혀 있어서 서로 의지해야 사람이 된다.

어김없이 계절이 오고 가고, 철따라 꽃이 피고 지는 일은 얼마나 놀라운 자연의 질서인가? 그런데 꽃이 피고 지는 것은 누구를 위해서가 아니다. 자신이 스스로의 충만한 삶을 안으로 다스리다가 때가 되면 피기도 하고 지기도 하는 것이다. 꽃이나 열매는 자연의 향기이자 아름다운 미소다. 칙칙한 잡목들과 우람한 나무들만 있고, 열매 맺는 나무나 꽃을 피우는 풀들이 없다면 숲은 매우 삭막할 것이다.

또한 들판의 식물은 한꺼번에 꽃을 피우지 않는다. 그리고 저마다 꽃이 피고 지는 시기가 다르고 그 모양과 색깔도 각양각색이다. 그렇게 모두가 어우러져 아름답고 향기로운 들판을 연출하는 것이다.

우리 인간도 마찬가지라고 생각한다. 사람은 저마다 이 세상에서 단 하나밖에 없는 독창적인 존재이다. 그렇기 때문에 사람마다 삶의 조건이 다르고, 삶의 방식이 다르며, 또한 각자 그릇의 크기도 다르다.

그래서 사람은 근원적으로 자기에게 주어진 삶을 자기 그릇에 맞춰 충실히 살아갈 때 비로소 아름다운 삶을 살 수 있는 것이다.

그리고 내가 행복해지려면 먼저 내 이웃이 행복해야 하고, 내가 사는 사회가 행복한 사회가 되어야 한다.

　교육은 이러한 평범한 진리를 이루려 하는 미래지향적이고 진취적인 수단이며 도구이다.

　누구든 자신의 기량과 빛깔을 지니고 마음껏 뻗어나가 자기 자신의 미래를 꽃피우며, 주변과 함께 빛을 더하고, 나아가 온 세상을 밝히는 인간으로 성장할 수 있는 가치 있는 존재이다.

　이러한 맥락에서 나는 이 사회에 이바지하고 국가에 공헌할 수 있는 인재육성이 이 시대 교육자의 사명이요, 책무라고 강조하고 싶다.


　'내 모든 것을 던져 전남교육을 얼마나 명예롭게 살려낼 수 있을까?'

　전남교육을 위해 논의하고, 모으고 다듬어 만든 제도와 틀을 실천하고 정착시키고, 그래서 새롭게 이룩하고 마련하는 행복한 2년이 되도록 할 것이다.

　그리고 우리 모두를 위한 '공동의 언덕', 그 안에서 언제나 그 자리를 변함없이 지켜가면서 나 자신의 몫과 사명을 다하며 전남교육을 우뚝 세우기 위해 최선의 노력을 다할 것이다.

　더불어 함께하면서 보다 따뜻하게 만나고 살아가는 삶을 키우고 싶다.

　태산목 나무 그늘 아래 피어 있는 하얀 초롱꽃, 시골집 돌담 위의 능소화, 산자락에 피는 원추리, 잔잔한 들꽃들, 주황색 나리꽃, 하얀 망초, 노란 마타리가 하늘하늘 손짓을 한다.

 '아! 세상이 아름다운 것은 이 모두가 함께하기 때문 아닌가?'

　초여름의 산하가 우리 마음을 더욱 사로잡는 것은 연두와 초록이
따로 빛나면서도 함께 있기 때문이다.

# 고운 달이 떠오르는
# 한가위가 되기를

'더도 덜도 말고 한가위만 같아라.'라는 옛말이 있다.

한가위의 풍요와 안분지족(安分知足)하는 조상들의 삶을 표현하는 말이다.

또한 송편과 성묘라는 단어와 함께 넉넉함과 따스한 인정, 심은 대로 거두는 정직함, 땀 흘린 대가에 대한 고마움, 함께 나누는 기쁨. 이 모두가 우리 고유의 명절 추석에 담긴 의미이다.

명절은 그 나라의 문화적 특성과 전통을 가장 잘 나타낼 뿐만 아니라 민족적 정서가 듬뿍 담겨 있는 소중한 유산이다.

또한 명절에는 다양하고 독특한 의식이나 행사 등의 풍습이 전해 내려오고 있으며, 지역사회 공동의 힘으로 함께 행함으로써 그 지역

구성원간의 유대감을 돈독히 함은 물론 단결과 화합을 이루어나감으로써 지역사회 발전의 밑거름이 되기도 한다.

가배일(嘉俳日), 중추절, 가위, 한가위 등으로도 불리는 추석은, 곡식이 무르익고 추수가 시작되는 시기로 햇곡식과 햇과일, 그리고 송편 등으로 푸짐하게 음식을 차려 정성껏 차례를 지내고, 가족 모두가 함께 조상의 묘를 찾아 성묘를 하고, 지역의 민속놀이를 마을 전체가 즐기기도 하는 우리나라의 가장 대표적인 명절이다.

우리들의 어렸을 적만 하더라도 '대추 밤을 돈사야 추석을 차렸다. 이십 리를 걸어서 열하루 장을 보러 떠나는 새벽, 막내딸 이쁜이는 대추를 안 준다고 울었다'라는 시구가 그대로 생활이었던 시절.

멀리 객지로 나갔던 가족 친지들이 고향을 찾고, 한 자리에 삥 둘러앉아 웃음꽃을 피울 때. 굴뚝 연기 몽글몽글 피어오르고, 대충 버무리고, 주무른 듯 만들어낸 소박한 밥상이 그리도 입맛에 딱 맞았던 그날의 추석은 고향을 향한 그리움이다.

그런데 요즘의 세태는 많이 바뀌었다. 나 홀로 세대가 늘어나면서 고향이나 가족의 의미보다는 직장이나 세계화가 더 큰 의미를 주기에, 벌초는 대행업체가 하고, 성묘는 한 달 전쯤 시간되는 대로 다녀오고, 추석 연휴에는 해외여행 등 몇 년 전만 해도 낯설었던 모습이 이젠 당연시되고 있는 것이다.

물론 부모, 형제자매, 친지들을 만나기 위해 끝을 모르는 교통체증 참아가며 가족들과 함께 가슴 설레는 귀향을 하는 사람들도 많고, 또 그 자식들 기다리며 온갖 음식 장만하고, 농사지은 고추며 참깨 등으로 시골 선물을 준비하는 부모님들이 시골을 지키기도 하지만….

삶이란 우리 인간들에게 주어진 천혜의 행운이다. 하지만 그 행운이 항상 지속되는 것은 아니다. 옛말에 이런 표현이 있다.

'꽃이 피고 지기 또 한 해, 한평생 몇 번이나 둥근달을 볼까?'

봄에는 꽃이 피고 지고, 보름마다 둥근달은 떠오르지만 우리가 둥근달을 늘 볼 수 있는 것은 아니다. 우리는 지금 이 자리에서 각자 몫으로 나름대로 살고 있다는 사실에 감사하며, 이 행운을 가치 있게 누려야 한다.

'기쁨은 나누면 배가 되고 슬픔은 반이 된다(拔苦與樂)'는 말이 있다. 우리가 그렇게도 열망하는 교육의 궁극적 목적도 다양한 개인이 자신의 몫을 다하면서 사회와 국가에 기여하고 봉사하며, 보람을 느끼는 행복한 삶을 살고자 노력하는 것이라고 생각한다. 즉 책의 제목처럼 '한 사람은 모두를, 모두는 한 사람'을 위해 더불어 함께하는 행복한 삶의 실현이라 생각한다.

이제 곧 민족의 명절 한가위가 다가온다.

오랜 만에 가족과 함께하며, 고향도 찾고 옛 친구도 만나는 가슴 설레는 시간이 될 것이다. 그런데 예로부터 추석은 이웃과 함께 나누는 훈훈하고 넉넉한 명절이다. 살기 어렵고 힘들다는 요즘이지만 우리 주변에 있는 어려운 이웃들을 돌아보고 챙기는 따뜻한 중추절이 되었으면 한다.

특히 소년소녀 가장, 홀로 사시는 독거노인들, 그리고 그늘에 가려진 이웃들과 고향을 그리워하는 실향민들, 그들은 평일보다 더 많이 힘들고 외로운 명절일지도 모른다. 또한 우리의 안전을 위해 비상근무로 쉬지 못하고 더욱 바빠지는 분들, 그런 모든 분들과 함께하는 사랑의 명절이자 수고로움에 감사하는 풍요의 명절이 되기를 바란다. 또 우리 모두가 보름달을 바라보며 '사랑하는 사람들과 자신을 사랑해주는 모든 이들'을 위해 아름다운 기도를 올리는 소망의 명절이기를 바란다.

# 미래는 준비된 사람에게
# 주어지는 행복

'열매를 심어 꽃을 피게 하면, 그 꽃에서 다시 열매를 맺는 것과 같이 마땅히 복이 오는 것에도 까닭이 있음을 알아야 한다(果種花 花結果 須知福至有因).'

지혜로운 삶의 교훈서《채근담》에 나오는 말이다.

미래에 대한 예측과 준비의 과정을 학습하여 인간에게 행복을 누릴 능력을 갖추게 하는 것이 우리가 맡고 있는 교육의 책무성이다. 우리는 미래사회 교육환경이 어떻게 변하며, 우리 스스로 미래 교육을 어떻게 변화시킬 수 있는지를 끊임없이 생각하여 꽃과 열매의 아름다운 결실을 이룰 수 있어야 할 것이다.

"컴퓨터 파워가 현재는 쥐의 지능 정도를 갖고 있지만 2025년에는 인간의 지능을 따라잡는다."

미래학자 레이 커즈와일은 미래사회의 변화는 이처럼 상상을 초월한다 했으며, 2025년이 되면 대부분의 학교 교육현장은 새로운 가상현실로 변화가 시작된다고 예측했던 것이다.

지금처럼 지식을 던져주거나 전달하는 역할만으로는 교육을 다했다고 할 수 없다. 다른 역할, 즉 공동체적 삶의 체험, 네트워크, 리더십, 팀워크를 배우는 장으로 바뀌어야 한다. 그래서 끊임없이 변화하고 발전하는 시대에 맞게, 학교는 학습현장을 미리 확인하고 체험하는 기관으로써 우리의 삶을 잘살게 하는 평생교육뿐만 아니라 참교육을 향한 과정이나 기술도 함께 익혀가는 노력이 있어야 한다.

우리 모두는 이 세상 그 누구보다 잘할 수 있는 무언가가 있으며, 다른 사람들에게 베풀어야 할 자신만의 재능이나 특별한 능력이 있다. 우리가 교육을 하는 진정한 이유는 자신만이 지닌 고유한 재능과 특별한 능력을 발견하고, 그 힘으로 다른 사람들과 함께 세상에 도움을 주면서 살아가도록 하기 위함이다.

'강남스타일'로 온 세상을 흔들고 있는 싸이를 볼 때, 빌보드에서 2001년에 데뷔한 서른넷 싸이는 한국에서 '아이돌'과는 상관없이 케이팝 흐름을 주도하고 있다. 결과에 상관없이 미국 음악시장에 도전할 배짱이 있는 사람이라고 호평받고 있다. 하지만 그의 삶은 결코 순탄치 만은 않았다.

옥스퍼드대 강단에 선 싸이는 불과 4개월 전만 해도 한가한 스케줄을 보내던 한국의 평범한 가수에 불과했으며, 미국 유학시절 부모 몰래 음악으로 진로를 바꾸고 작곡가와 가수로서 주목받지 못하는 고비마다 고민이 많았고 매번 어려운 결단도 필요했다 한다.

싸이는 한 인터뷰에서 이렇게 말했다.

"데뷔 시절 PD의 관심을 끌려고 수백 명이 앉아있는 방송국 사무실 한복판에서 큰 소리로 노래하며 춤을 추기도 했습니다."

어려움 속에서도 뚜렷한 자신의 색깔을 지니고 꾸준히 노력한 결과, 소속사나 유관기관의 노력에 의해서가 아니라, 오직 자신의 노력으로, 싸이는 미국 빌보드 메인차트에서 7주 연속 2위에 랭크되는 세계적인 가수가 되었다.


우리 모두는 다른 사람들보다 잘할 수 있는 자기 자신만의 능력과 재능이 반드시 있다. 그것을 찾아 배우고 익히며, 스스로 성장하면서 다른 사람들을 이롭게 하고 도움을 주는 삶, 또 인류 발전에 기여하고 흔적을 남기는 그런 삶에서 기쁨을 누리며 살아가도록 하는 것이 미래사회를 준비하는 우리의 교육이다.

'미래는 준비된 사람에게만 주어진다.'고 했다.

이제 전남의 많은 학교들은 꿈과 희망과 비전을 학생들에게 심어주기 위해 노력할 것이며, 이러한 교육을 받은 학생들이 개인의 소질과 능력을 자율적이고 창의적으로 개척해, 준비된 사람에게만 찾아오는 미래의 행운을 맞이할 수 있도록 이끌어나가야 할 것이다.

# 진심으로 베푼 사랑은
# 반드시 행운으로 돌아온다

　인간은 이기적 존재이지만 정의를 추구하며, 인간관계 속에서 행복을 추구하는 사회적 존재이기도 한다. 이제 또 한 해를 보내는 송년의 시간 속에서 가장 소중하게 챙겨야 할 교육의 지향점도 되새겨본다.

　'무엇이 우리의 삶을 증언해줄 것인가? 우리의 작품인가, 철학인가? 아니다. 오직 사랑만이 우리의 존재를 증명해줄 뿐이다.'

　알베르 카뮈의 말이 떠오른다.

　바람이 차가울수록 그리워지는 것은 따뜻한 햇볕이며, 사람의 온기이다. 그리고 햇빛은 빛깔이 없는 그냥 환한 빛이지만, 필요에 따라 자신의 몫으로 빛을 낸다. 때론 자신의 빛깔로, 때론 많은 빛이 서로 섞여 밝아지며 환해지기도 한다. 햇빛 속에는 수많은 빛이 함께하는 화합의 힘이 있다.

사람에게도 마음속에 사랑이 있어 따뜻한 정을 쌓고 세상을 살 만하게 한다. 우리네 마음도 마음과 마음이 섞이면 온 세상을 데우는 사랑이 되는 것이다. 서로의 마음은 마음에 연이어 하나가 되는 거다. 알지도 못하는 사람의 안타까운 사연을 들을 때면, 우리가 눈물짓는 것도 사랑이 있기 때문이며, 여행지에서 만난 낯선 사람의 어려움에 선뜻 손을 내밀어 도움을 주는 것도 그 때문이다. 그것이 마음의 울림인 것이다.

그래서 우리 모두는 마음속에 있는 사랑의 울림이 최대한 넓고 멀리 번져나가는 감동을 바라며, 이 세상에 빛과 소금이 될 수 있도록, 참다운 인재를 육성할 수 있도록 가르치기를 평생 동안 함께하고 있는 것이다. 그것이 교육에 대한 우리의 열망이자 모든 것에 우선되는 교육의 중요성인 것이다.

영화배우에서 유니세프 대사가 된 오드리 헵번은 〈로마의 휴일〉이라는 영화로 많은 세계인들의 가슴에 영원한 연인이 되었지만, 그녀는 화려한 자신의 자리를 떠나 척박한 험지를 찾아갔으며, 생의 마지막 순간까지 아프리카, 방글라데시, 엘살바도르 등에서 아이들을 돕는 일정으로 쉬지 않고 돌아다녔다. 그녀의 고귀한 사랑으로 험지에서 고통받는 수많은 어린이들이 희망을 갖게 되었다. 그녀는 이러한 사랑의 실천을 '희생이 아니라 축복이며 선물'이라고 했다. 그녀가 사망하던 날은 미국의 빌 클린턴 대통령이 취임하는 날이었지만 그녀의 사망기사가 대통령의 취임기사보다 먼저 다루어지기도 했다.

또한 우리에게 친숙한《초한지》에서 중국 최고의 전략가인 한신(韓信)이 낭인 시절 빨래하던 노파에게서 밥 한끼 얻어 먹은 것을 대장군이 되어 천금으로 사례하였다는 일화에서 비롯된 '일반천금(一飯千金)'이라는 고사성어도 사회에서 지금까지 자주 인용되고 있다.

겨울로 가는 하얀 눈발을 온몸으로 맞으며 우주의 호흡이 자신의 숨결과 이어지고 있음을 느낀다. 마음을 열고 무심히 바라본 겨울풍경에서 보이지 않는 것들의 의미를 새기게 된다.

'언제 어디서나 주인일 수 있다면, 있는 곳이 모두 참된 곳이다.'

이 말은 분명 되새기고 싶은 진리이다. 꽃이 씨앗을 품듯 우리 사람들도 태어나면서부터 저마다 씨앗을 품고 있어서 자신만의 씨앗을 움트게 하고 꽃 피우는 것이 삶의 의미이고 보람이라 생각한다. 그런데 그 씨앗을 키우는 것은 자신의 노력과 아울러 주변 사람들의 관심과 사랑이 함께할 때 성공할 수 있는 것이다.

우리 전남교육은 언제 어디에서나 작은 만남도 소중히 하고 모두를 배려하여 애쓰는 기본적인 삶의 자세를 몸으로 느끼고 마음으로 깨닫도록 준비하고 마련할 것이다. 학교에서 진심으로 베푼 모든 사랑은 반드시 행운으로 돌아온다는 것을 우리 전남의 학생들이 느끼게 되는 행복한 내일을 꿈꾸고 싶다.

# 물이 흐르는 것은
# 바다에 대한 믿음 때문이다

이 세상에 물보다 부드럽고 겸손한 것은 없다. 물은 만물을 이롭게 하면서도 다투지 않는다. '상선약수 수선이만물이부쟁(上善若水 水善利萬物而不爭)', '물이 최상의 선'이라는 노자의 《도덕경》에 나오는 말이다. 물은 자기의 본래 모습을 잃지 않으면서도 세상 만물에 이로움을 주며, 자기를 내세우지 않고 늘 낮은 곳으로 흐른다는 것을 강조하고 있다. 하지만 '물이 최상의 선'일 때 그 가운데 가장 으뜸은 '모두를 아우르면서 끊임없이 흘러 바다에 이른다'는 것이라고 생각한다.

우리가 추구하는 교육도 마찬가지이다. 사람에겐 누구나 자기 본래의 모습이 있다. 그래서 그것을 잃지 않으려면, 각양각색의 미래를 이루기 위해 끊임없이 노력해야 한다. 하지만 혼자 사는 세상이 아니기에 개인과 함께 전체적인 관계 속에서 미래의 발전을 함께할 수 있어야 한다.

우리는 지금까지 바다가 있어 물이 흘러가는 것이라고 생각했는지도 모르겠다. 하지만 물이 온갖 어려움을 넘어 끊임없이 흘러 모이기에 바다를 이루는 것은 아닐까 생각해볼 일이다. 가뭄과 장마, 시궁창과 늪지대, 모래무지와 굳건한 바위, 이러한 것들에서 포기하지 않고 서로를 아우르며 함께 흐른 물만이 바다에 이르는 까닭이다.

이제 우리의 교육은 변화하고 있다. 교육의 본질이 지식의 축적에서 재구성에 의한 역할 수행능력으로 바뀌었다. 우리는 이제 학생들에게 서열 경쟁이 아니라 자신을 이겨내는 공부를 시켜야 한다. 공부도 다른 여러 가지 것들처럼 하나의 특기를 발굴하는 것임을 알게 해야 한다. 그리고 사람은 누구라도 살다가 실패할 수도 있으며, 실패하더라도 또 다른 길이 있다는 사실도 가르쳐주어야 한다.


고교 졸업장이 학력의 전부인 흑인 가드너 리치는 미혼모에게서 태어나 여덟 살 나이에 가정위탁으로 컸으며 아내에게 이혼당하고 죽음까지 생각했지만, 낮에는 회사에서 일하고 밤에는 노숙자 쉼터에서 공부하여, 6년 후 '가드너 리치 앤드 컴퍼니'를 설립했고 그후 회사를 국제적인 무역회사로 키웠다.

그 당시 그의 재산은 1억 8,000만 달러에 달했다. 노숙자에서 일약 억만장자가 된 가드너 리치는 이런 말을 남겼다.

'세상에서 가장 큰 선물은 끊임없이 자신에게 기회를 주는 삶이다. 진정으로 포기하고 싶을 때가 바로 더욱 더 추진력을 발휘해야 하는 순간이다.'

끊임없이 흐르는 물처럼 움직임으로 살아있음을 실감하는 우리네 삶. 물이 바다라는 자기확신과 신념으로 끊임없이 나아갈 수 있었듯이, 가드너 리치가 자신과 기회를 대상과 믿음으로 삼아 어려움을 극복하였듯이, 모든 사람은 상대적 주변과 어우러질 때 비로소 자기완성을 이룰 수가 있는 것이다.

혼자서는 자기 삶의 절반밖에 완성할 수 없다. 주변과의 조화에서 나머지는 채워지는 것이다. 우리가 교육을 하는 의미가 거기에 있는 것이다.

우리 모두는 누군가를 빛나게 하는 주변이 되고, 또 다른 조화로운 주변을 만나 스스로 빛나는 빛이 되었으면 한다.

# 더없이 높은 것은
# 깊은 심연에서 올라온다

　'이 높디 높은 산들은 어디서 온 것일까? 나는 그들이 바다에서 솟아올랐다는 것을 알게 되었다. 더없이 깊은 심연에서 더없이 높은 것이 그 높이까지 올라왔음에 틀림없다.'

　'정상과 심연은 하나'라는 차라투스트라의 말이 있다. 가장 높은 산이 가장 낮은 바다에서 솟아오르듯 모든 것은 처음부터 만들어진 것이 아니라 끊임없는 노력에 의해 갈고 닦아서 이루어지는 것이다. 모든 자연은 함께 더불어 가면서도 서로가 다른 길을 꾸준히 나아가서 산을 이루고, 바다를 이루며, 울창한 숲을 이루는 것이다.

　공부도 이와 마찬가지로 우리는 우리 학생들에게 자기 의지를 길러주어야 한다. 다른 사람과의 경쟁이 아니라 자신을 이겨내는 공부를 시켜야 하는 거다. 수학 영재 100인을 골라 줄을 세우면, 그 중에서는 반드시 1등이 나오고 100등이 나온다. 물론 그 100등도 아주 영리하고 재주가 있다는 것을 모두가 알고 있지만, 그렇다고 그 100등이 꼴찌라는 사실이 달라지는 것은 아니다. 그들은 공부에 너무 깊이 빠져 그 밖에 다른 세상이 있다는 걸 몰랐을 것이다. 우리 어른들이 '사람은 누구라도 살다가 실패할 수 있으며, 실패하더라도 또 다른 길이 있다'는 사실을 미처 가르쳐주지 못했기 때문이다.

이제 우리의 교육은 변화하고 있다. 지식의 습득이 아니라 지식의 재구성이다. 교육의 본질이 지식의 축적에서 재구성에 의한 창의성으로 바뀐 것을 알아야 한다. 또한 정보화사회가 되면서 누락된 인성교육이 중요해졌다. 자기주도적 학습에 의한 지식의 재구성은 충분한 기다림과 믿음이 함께해야 한다.

높은 것은 가장 낮은 곳에서 긴 시간 노력에 의해 가장 높이 솟을수 있음을 잊지 말아야 한다.


"나는 걸핏하면 벌을 받았어. 선생님들은 내가 공부 못하는 멍청이에다 숙제를 안 해오는 게으름뱅이라고 했지. 언제부터인지 친구들과 이야기도 나누지 않게 됐어. 수업을 거의 빼먹고 책만 읽었지. 드디어 열네 살 때 난 학교에서 쫓겨났어. 물론 도서관의 책들은 모두 읽고 난 후였어."

이 글은《시골의사》,《고리오 영감》등 사실주의 문학을 탄생시킨 창시자 오노레 드 발자크의 일화이다.

학교 안에 함께 있으면 모두 같아 보이지만 우리 아이들은 다 각자가 지닌 특성이 다르고 능력이 다르다. 산에 피는 꽃들이 어린 싹일 때는 파랗게 같아 보이지만 노랗다고 다 같고 분홍이라고 다 같은 꽃이 아니다. 땅을 박차고 푸른 하늘을 향해 목청껏 제 삶을 외치는 들꽃들이 다 다른 것처럼, 우리 학생들도 모두가 서로 다른 꿈나무들이다. 그들에게 잘할 수 있는 터전을 마련해주는 것이 우리 학교교육이 해야 할 일이며, 그들이 '다양한 체험활동과 끊임없는 사고를 통해 더없이 깊은 심연에서 더없이 높은 것을 이룬다.'는 진리를 깨닫고 실천할 수 있게 해야 한다.

따라서 우리 학생들의 사고력을 신장시키고, 삶을 풍성하게 가꿔나갈 수 있도록 모든 교육과정에서 다양한 활동을 전개함으로써, 전남의 미래 인재들이 자기주도적 학습력을 신장하고, 바른 인성을 함양하여 미래사회의 주역으로 당당하게 성장하기를 기대한다.

# 비움의 시작은
# 새로운 출발점이다

 '이맘때가 되면, 낙엽들은 떨어져 뿌리에 돌아가고, 당신의 눈은 세상에도 순수한 언어로 변합니다.'

 〈가을날〉을 읊은 김현승 시인의 시 한 구절이다.

 이제 온 세상 곳곳에 가을이 내리고 있다. 항상 버림으로써 다시 생명을 가꾸는 식물들은 가을이 오는 순간의 느낌만으로 모두 때가 왔음을 깨닫고 준비를 한다.

 며칠 사이 눈에 띄게 산속 숲에는 물기가 빠져나가고 식물들은 화려한 잎들을 떨쳐낸다.

 그리고 텅 빈 그 자리에 다시금 새 기운을 마련하여 생명력을 창조한다. 이게 바로 생명 있는 식물들이 지키는 삶의 질서인 것이다.

인간은 유한한 생명체이다. 때가 이르렀다고 생각되면 과감하게 버리는 용기가 무엇보다 필요하다. 그래서 항상 다시 태어나려는 자세로 지금의 '내'가 가장 '나다운 것'인지 살피며 '자신의 길'을 찾아가도록 해야 한다.

뿐만 아니라 그 길을 갈 때 과감히 버리는 용기도 길러주어야 한다. 모두에게는 참으로 다양한 능력과 길이 있다. 다양성 속에서 자신만의 능력과 길을 발견해야 한다. 그때는 물론 뿌리로 돌아가 다시 싹을 틔우는 나뭇잎처럼 어제까지의 '나'는 남김없이 버리고 새로운 '나'를 이루기 위해 정진할 수 있는 힘을 길러주어야 할 것이다.

세계적으로 유명한 일본의 기업가이자 '경영의 신'으로 불리는 마쓰시타 고노스케는 이렇게 말했다.

"경영이란 끊임없는 창의적 연구를 통해 모두를 버리고 새로 채우듯 무에서 유를 창조하는 것이었다."

그가 끊임없이 버리는 용기를 실천한 것이 자전거 가게의 점원에서 시작해 마쓰시타 전기제작소를 설립하고, 세계공황을 이겨낸 마쓰시타전기를 세계적인 대기업으로 성장시킨 결과를 만들어낸 것이다.

과감히 버림으로써 새로워지기 위해 끊임없이 노력하다 보면, 스스로 깨닫는 순간이 오고, 그 순간이 바로 비움의 시작이자 곧 새로운 나를 이루는 출발점이 되는 거다.

삶의 질서는 인간에게 공평하다. 그래서 모든 아이들에게 매 순간이 나를 알게 하는 기회가 되도록 하는 것이 교육인 것이다. 또한 나를 아는 순간 반드시 실천을 시작하도록 하며, 무에서 유를 창조하는 '무중생유(無中生有)' 용기로 끝까지 해내는 근기(根氣)를 길러주는 것이 곧 교육의 힘이라 해도 과언이 아닐 거다.

책 속의 지식을 습득하는 것만으로는 새로운 변화를 이루기 어렵기에, 우리 아이들에게 직접 느끼고 깨달을 수 있도록 많은 경험과 기회를 제공해야 한다. 그리고 미래를 향해 과감히 버리고 새로워지기 위해 항상 준비하고 실천하도록 가르쳐야 한다.

우리 전남의 아이들이 새로움으로 가는 맑음과 모두를 받아들이는 배려를 익혀 창의·인성을 고루 갖춘 미래사회의 인재가 되기를 기대한다.

# 우리는 모든 것을
# 사랑하며 더불어 간다

'내가 수많은 시련에서 얻은 것은 사랑이고, 국민이 나에게 가르쳐 준 것도 사랑이다.'

이 말은 심한 고통과 치욕을 이겨내고 국가와 국민에게 희망을 남긴 어느 지도자의 말이다. 지금 새삼스럽게 이 말을 하는 것은 '우리에게 주어진 가장 큰 힘은 '사랑'임을 깨닫게 할 뿐만 아니라 우리가 교육의 현장에서 고민하고 찾아낸 희망 또한 더불어 함께하는 사랑이기 때문이다.

'모두 다 사라진 것이 아닌 달' 11월에 들어서면 각각 제 빛깔로 물든 단풍들이 겨울맞이 준비를 마치고, 눈이 내려앉을 빈자리를 마련한다. 낙엽이 진 자리에 눈이 앉는 것은 자연의 순리이자 미래에 대한 준비이며 배려이고 사랑이다. 우리의 교육 또한 학생과 선생, 학부모, 지역사회 그리고 국가가 자신의 역할을 충실히 하면서, 때론 양보하고, 때론 희생하고 사랑하며, 서로가 더불어 함께하는 것이라 생각한다.

어느 이른 가을날 특수교육 담당학교에 찾아갔는데, 그 현장에서 마주친 아이들의 간절한 눈빛과 그들 옆에 선 선생님들의 모습에서 우리의 손길이 그들에게는 참으로 큰 힘이라고 생각하는 것 같았다. 당시 그 현장에서 느낀 절실한 감정은 '우리가 그들에게 얼마나 더 따뜻해져야 하고, 얼마나 더 가까이 다가가야 하는가'를 생각하게 하였다. 왠지 나도 모르게 눈물이 흐르는 것 같았다.

시골의 아이들에게 특별한 체험활동으로 실시하는 선상무지개학교에서 만난 어느 학생의 운동화가 우리에게 가슴 뭉클한 사연을 주었기 때문이다. 운동화 한 켤레를 새로 사줄 형편이 안 되어서 가슴 아파했던 아버지의 심정과 그 아버지의 처지를 헤아리고 체험활동을 포기했던 그 아이의 사정을 알게 된 선생님이 신발을 사주셨다는 아름다운 얘기였다.

그런데 그 선생님은 혹여 그 아이가 상처받지 않을까 하여 티를 내지 않았다는 미담이었다.

더운 날에도 시리기만 했던 그 발에 곱게 신발을 신겨준 선생님의 사랑. 그것은 우리가 추구해온 참교육의 모습이었다.

그 밖에도 참 많은 사연들이 지금 이 순간 스쳐가고 있다.

모든 것을 사랑하며 안고 다독여 가는 것이 교육이라 생각한다.

학생과 선생님, 교직원과 학부모, 지역사회와 국가, 그것들 사이에 함께하는 이 미묘한 흐름. 서로가 서로에게 남겨진 아픔, 슬픔, 안타까움은 있을지라도 아이들의 초롱초롱한 눈동자를 가슴 한켠에 새기면서 더 나은 미래를 향해 나아갈 수밖에 없는 것이다.

우리 모두는 교육이라는 큰 틀 속에서 미래의 행복을 꿈꾸며, 저마다 따로따로 자기 세계를 가꾸면서도 공유하는 교육을 이뤄내야 한다.

'한 가락에 떨면서도 따로따로 떨어져 있는 거문고 줄'처럼 각자의 마음에 담긴 따뜻한 마음, 영혼의 향기, 괴로움, 어려움, 슬픔, 외로움, 아픔 등을 한데 어우러져 아름다운 교육을 이루어내는 것이다.

지금 이 순간 새삼스럽게 전남교육과 함께한 3년 반이 전남교육을 만나기 전 사회생활 30여 년의 세월보다 더 가슴 찡하게 다가옴을 느낀다. 항상 그랬듯이 앞으로도 우리 학생들을 가장 먼저 생각하며 모두를 사랑하면서 모든 것을 안고 가기 위해 노력할 것이다. 한 사람을 위해 다 함께 사랑하고, 그 사랑을 주는 이와 받는 이가 더불어 누리고 받아들이기에, 아름답고 향기로운 인간교육이 이루어지는 것이다.

# 약속을 지키는 것이
# 가장 아름다운 감사

우리는 약속으로 소중한 것을 얻을 수가 있다. 하지만 그 소중한 것을 간직하고 보호하는 것은 약속을 지켜내는 끊임없는 실천이다.

자연의 질서는 세월과의 약속을 지키기 위한 노력이다. 지금 온 산야에는 녹음이 한창이다. 이제 녹음은 더 짙어지고, 아름다운 꽃들은 스스로 때맞춰 피어 우리를 행복하게 할 것이다.

이렇듯 삼라만상의 질서는 세월과의 약속을 지켜내는 자연의 실천이라고 생각한다.

씨앗은 자리 잡은 곳에서 뿌리를 내리고, 싹을 틔워 잎을 키우고 꽃을 피우며, 열매를 맺는다. 그리고 다시 바람에 실려 새 생명을 준비하는 과정을 통해 항상 그 계절에 그러했듯이, 언제나 자연은 때를 이루어내는 것이다. 그리고 바람이 불고, 비가 오는 날에도 그것이 필요해서 불고, 오는 것이라 여기며, 매서운 추위도, 혹독한 더위도 세월의 흐름 속에서 똑같은 이치로 자신의 몫을 하는 것이다. 자연은 언제나 세월과의 약속을 충실이 실천하기에 더불어 사는 세상에 아름다움과 향기를 마음껏 줄 수 있는 것이다.

'내 모든 것을 던져 전남교육을 얼마나 발전적으로 변화시킬 수 있을까?'

고민과 기대를 함께하며 시작했던 길이 벌써 임기 4년을 마무리할 때가 다가온다. 그런데 한결같은 사랑과 성원으로 나를 믿고 맡겨주신 여러분들이 있기에, 이제 나는 또 다른 시작점에 서게 되었다.

자연이 세월과의 약속을 믿기에 비바람 눈보라에 흔들림이 없이 질서를 지키듯이 이제 전남교육과 관련된 모든 가족, 그리고 도민 여러분과 한 약속을 충실히 이행함으로써 보내주신 성원에 보답하고자 한다. 약속을 지키는 것이 가장 아름다운 감사라고 생각하기 때문이다.

나무가 비가 오나 눈이 오나 사시사철 버티는 것은 자기 자신을 위해서가 아니라, 이제 막 꼼지락 꼼지락 잎을 내밀기 시작하는 어린 나무들에게 어떻게 버티는가를 보여주어야 하기 때문이라고 생각한다. 그래야 훗날 이 세상을 나무의 푸름으로 가득 채울 수 있다는 것이다. 우리의 교육도 어린 나무에게 보여주기 위해 참아내는 나무들의 버팀처럼, 우리들의 끊임없는 실천과 노력에 의해 우리 아이들의 꿈이

커갈 것이다. 우리가 더불어 함께할 때, 우리의 아이들이 바람직한 미래를 맞이하게 될 것이기에….

모두가 각자라서 아름다운 세상, 서로를 빛나게 하되 더불어 함께하는 따뜻한 삶. 인정, 존중, 배려, 사랑을 키우는 안전하고 아름다운 세상을 일궈내기 위해 끊임없이 노력하는 전남교육이 될 것이다.

푸르른 유월, 짙어가는 녹음이 우리의 아픈 가슴을 보듬고 스쳐가면서, 나무가 버티는 희망을 오늘도 바람으로 날리고 싶다.

"2019 자랑스런 세계인 대상 수상"

'VISION 2010, 대한민국 경영혁신 大賞'

순천대, 특성화의 힘 "인쇄전자 최고 연구중심대학 된다"

광주MBC 시선집중 광주

# 4부

# 언론에서 본 장만채

## 장만채 전 전라남도 교육감,
## "2019 자랑스런 세계인 대상 수상"

　장만채 전 전남교육감이 11일 오후 2시 서울프레스센터에서 개최한 '2019 자랑스런 세계인 대상' 지역문화발전 사회공헌 부분 수상자로 선정돼 이날 시상식을 가졌다.

　'2019 자랑스런 세계인 대상'은 (재)국제언론인클럽과 (재)기부천사클럽이 주최하고 2019 자랑스런 세계인 대상 조직위원회가 주관하는 행사로 한국과 국제 분야에서 활동중인 단체와 개인의 사회 기여도 및 공헌도, 발전 가능성 등을 심사해 이 상을 수여하고 있다.

　장만채 4차산업 미래혁신위원장은 16대, 17대 전남교육감을 역임했으며, 1985년 카이스트 대학원 화학과 박사를 거쳐 제5대 순천대학교 총장을 지냈으며 청조근정훈장, 대한민국 글로벌 경영인 대상, 전라남도 문화상 등을 수상했다.

　장 전 교육감은 퇴임 후 4차 산업혁명은 나노혁신 기술이라며 천연 나노소재 가공 장비에 대해 정밀교정 수술 분야를 포함한 기존 제조방식과는 비교할 수 없는 제조혁명을 일으켜 질병퇴치, 식품으로 의약품을 대체하는 '4차 산업혁명' 실천운동에 앞장섰다는 평가를 받았다.

수상자 선정위원회는 이번 '2019 자랑스런 세계인 대상'은 장만채 16대, 17대 전남교육감 시절 강한 추진력과 소통으로 기초학력 미달 학생을 최소화했다는 점을 높이 샀다고 밝히고, 아시아의 노벨상으로 거듭나기 위한 발판으로 삼아 엄중하며 신중한 심사를 거쳐 수상자를 선정했다고 밝혔다.

한편, 역대 수상자로는 문재인 대통령을 비롯해 정세균 (전)국회의장, 반기문 (전)UN사무총장, 주한대사와 다수의 국회의원과 저명인사들이 있다.

2019년 11월 11일 오후 2시 서울프레스센터에서 김재수 (재)국제언론인클럽 이사장 조직위원장, 변재일 국회의원, 오제세 국회의원을 비롯 내외 귀빈 등 300여 명이 참석한 가운데 '2019 자랑스런 세계인 대상'을 수상하고 있는 장만채 수상자.

## 'VISION 2010, 대한민국 경영혁신 大賞'

세계 수준 연구중심대학, 신성장 동력의 싱크탱크(Think-Tank)

"글로벌 시대에 부합하는 우수한 인재 양성과 미래를 준비하는 혁신 교육기관으로 핵심적인 역할을 주도하여 세계 수준의 대학으로 거듭나고 있습니다."

순천대학교(총장 장만채)가 선택과 집중이라는 키워드로 순천대만이 가질 수 있는 경쟁력을 키워나가 대한민국의 미래를 이끌어가는 중심 대학교로의 비상을 준비하고 있다.

최근 순천대는 교육과학기술부가 전국 44개 국립대학 중 우수 대학을 선별해 육성 중에 있는 세계 수준의 연구중심대학(WCU)으로 서울대와 함께 선정되어, 약 5년간 140억 원을 정부로부터 지원받게 되었다. 이에 순천대는 특성화 교육에 중점을 두고 약 60여 개의 전공과정 교육 중에서도 10% 정도를 국내 최고 수준으로 끌어올린다는 목표치를 두고 있으며, 나아가 세계적으로도 경쟁력을 확보하는 학과로 만들어간다는 계획이다.

순천대는 최근 정부에서 추진 중인 국립대 연합체 및 통폐합 정책에 대응해 생명산업 연구중심대학으로 발전을 도모하고 있다. 특히 지역적인 한계를 극복하기 위해 경상대와의 연합캠퍼스를 만드는데 힘쓰고 있다. 이는 중남권의 산업 클러스터의 축을 형성하여 공과대학 특성화, 생명산업의 메카로 지역 발전의 구심점 역할이 기대되고 있다.

또 2009년에 개설한 인쇄전자공학과는 정보기술(IT), 나노기술(NT), 인쇄기술(PT) 융합의 총아로 인쇄와 전기화학 재료금속 광전자 재료 분야의 혁신적인 기술력 연구를 통한 교육과정을 구상 중에 있다. 전 세계적으로 인쇄전자공학 관련 전공이나 학과가 대학의 정식 프로그램으로 개설된 곳은 아직까지 순천대가 유일하며, 이러한 기술이 상용화될 경우, 앞으로 5년 이내에 휴대전화나 디스플레이가 자유자재로 휘어지거나 꺾일 수 있는 획기적인 개발이라 할 수 있다. 예를 들면 개인용 컴퓨터를 옷처럼 걸치고 다닐 수 있는 시대가 올 수 있다는 것이다.

순천대에서는 생명공학산업 연구와 지역경제 발전의 활성화를 위해 약학대 유치에도 치열한 경쟁을 하고 있다. 흩어져 있는 생명산업 연구역량을 결집해 시너지 효과를 높여 전남 동부지역의 약학 관련 분야 경쟁력 상승과 다양한 의약소재 개발에 역량을 집중한다는 것.

약대생이 사용할 약학관은 약 70억 원을 들여 지난 9월 공사에 접어들었고, 내년 8월 완공을 목표로 하고 있다. 또한 순천대가 약학 연구와 연계되는 생명산업 분야에서 선두를 점하고 있음은 최근의 성과에서 볼 수 있다. 생체의료용 고분자연구팀과 ㈜키토라이프가 공동 개발해낸 '키토탁솔'은 기존의 항암제보다 8배나 높은 암세포 공격효과를 가진 저독성, 표성적인 항암제로, 이 분야에서 획기적인 개발이다. 이 항암제는 이미 인도에 원료수출과 기술료로 향후 15년간 약 1,300여 억 원의 계약을 체결함으로써 경제적 이익창출도 기대되고 있다. 이외에도 '천연물의약소재개발 연구센터' 설립과 산학협력 계약형학과 개설 등 체계적인 단계로 발전을 꾀해 나갈 예정이다.

장만채 총장은 "세계를 향한 글로벌화로 순천대의 발전적 도전은 계속될 것입니다. 우리의 강점을 더 강력하게 만들어 내실 있는 대학을 만들기 위해 노력할 것이며, 특성화 대학의 대표 브랜드로 인정받는 순천대학교가 되겠습니다."라는 당찬 포부를 밝혔다.

| 한국일보 2009.12.2. |

## 순천대, 특성화의 힘 "인쇄전자 최고 연구중심대학 된다"

초 · 중등생 대상 영어 · 과학 캠프 운영

지역주민엔 대학 정규강좌 개방

약학대 신설해 신약 개발 매진

국립 순천대는 지난해 정부가 미래 국가발전 성장동력 육성정책 일환으로 선정한 '세계적 수준의 연구중심대학(WCU)'에 선정됐다.

서울대와 함께 연구역량 우수 대학이 된 것이다. 순천대 대학원 인쇄전자공학에는 국내 연구팀과 노벨상 수준에 근접한 세계적 석학들이 WCU사업단을 운영하고 있다. 이 사업단은 인쇄전자공학 기술을 기반으로 교육과학기술부로부터 4년 동안 총 140억 원을 지원받아 연구에 박차를 가하고 있다.

전남 동부권 중심대학으로 나노기술(NT)-인쇄기술(PT) 인쇄전자 분야의 세계적인 기술을 보유하고 있는 순천대 장만채 총장을 만났다.

장 총장은 "정보기술(IT) 분야의 세계적인 석학을 유치, IT-NT-PT 융합형 IT융합공학과 인쇄전자 특성화 대학원을 설립, 단기간 내에 인쇄전자 분야의 세계 최고의 연구중심대학으로 성장할 것"이라고 자신했다.

"순천대는 특성화된 대학이다."라고 말한 장 총장은 "잘되는 대학,

학과는 밀어주고 안 되는 학과는 정리해야 한다는 신념은 변함이 없다."고 강조했다. 그는 "교육도시의 명성을 지켜온 사범대학과 국책사업을 이끄는 단과대학을 집중 육성해 특성화 대학의 대표 브랜드로 만들 것"이라고 덧붙였다.

● 순천대는 여수, 순천, 광양 등 전남 동부권의 교육문화예술의 중심으로 성장해왔다.

순천대는 올해로 74주년을 맞았다. 전통적으로 교육도시의 위상을 높이고 지역산업발전과 농업, 제조업 분야의 인재양성과 산학협력에 기여해왔다. 이처럼 순천대가 지방이 갖는 한계를 극복하고 전남 동부지역 발전 과제에 대한 싱크탱크 역할을 해왔다고 자부한다.

또 글로벌 교육의 중심인 어학원에서는 전문가 과정인 무역외국어회화, 중국어, 일본어 등 다양한 과정을 제공하고 있다. 교육지원도 다양하다. 방학을 이용해 초·중등생을 대상으로 3주간 영어캠프나 과학영재 캠프 등을 운영한다.

사범대학에서는 광양, 순천 등 지역 청소년 및 저소득층 자녀 등 다양한 계층별로 기초과학교실과 수학놀이터 등 다양한 프로그램으로 '순천 SOS 건강한 어린이 만들기 프로젝트'를 운영한다. 평생교육원에서는 인문교양, 직업능력, 시민참여교육 등 77개 과정을 통해 다양한 과정과 요양보호사 1급을 취득할 수 있는 교육, 지역사회 주민들에게 대학 정규강좌를 개방해 대학의 고등교육에 접근하도록 지원하고 있다. 올해 개관한 전남 동부권 최초의 종합박물관도 지역에 큰 기여를 하고 있다.

● 제철·석유화학·물류산업 등 광양만권의 거점대학으로서 순천대
　의 역할은?

　광양만권에 철강(포스코), 석유화학(GS칼텍스), 물류 등 지역산업체
와 관련된 학과(제철금속, 친환경에너지, 조선해양)를 특성화, 미래 전략
산업으로 선정된 WCU사업과 연계한다.

　국제 수준의 연구중심대학을 유치해 집적된 기술을 통해 산업과
도시발전을 견인, 성장 잠재력과 시민의 삶의 질을 높이고자 한다. 철
강공정기술평가지원센터(TIPP)를 통해 저변기술 및 전략적 거점장
비를 포괄하는 장비를 구축하고 있다. 포스코, LS-엠트론 등 기업에
서 분석을 의뢰하는 수가 점차 늘고 있는 추세다. 그리고 기업 맞춤형
계약형 학과를 개설했다.

● 교과부의 대학구조개혁 추진계획 발표 이후 정부의 드라이브가
　거세지고 있다. 순천대의 대응과 생존전략은?

　전남의 고교졸업생은 내년 2만 3,000명에서 10년 후 1만 명으
로 줄어든다. 이런 상황에서 특성화 없이는 생존이 불가능하고 대학
이 문을 닫게 된다. 순천대는 61개 학과에서 지난해부터 52개 학과
로 줄었다.

　본인의 전공인 화학과를 비롯해 전통적인 자연과학 학과도 없애
는 과감한 수술을 감행했다. 백화점식으로 모든 학과를 끌고 가는 것

은 불가능하니, 앞으로도 비슷한 학과는 계속 통폐합할 계획이다. 광양만권은 전남 제조업 생산액의 85%를 차지한다.

지역산업수요와 연계해 독자생존을 위한 특성화에 우선하고 만약 이것이 여의치 못하면 거점대학들과의 통합 및 연합을 모색할 것이다. 광양캠퍼스 신설은 이런 대학의 위기상황을 극복, 순천대가 독자생존할 수 있는 최선의 방안으로 포스코 등 외부자원을 활용하려 한 것이었는데 무산돼 너무 아쉽다.

순천대의 이번 방향제시에 대해 교과부 차원에서 추진방안이 있을 것으로 본다. 이 밖에 순천대의 만화예술학과, 피아노학과, 사진예술학과, 영상디자인학과 등이 주목받고 있다.

● '순천대에서 미래를, 광양만에서 세계를'이라는 슬로건을 내걸었다. 순천대 글로벌 수준은?

우리 대학은 국제적 감각을 지닌 글로벌 인재를 양성하기 위해 세계화 교육에 아낌없는 지원을 하고 있다. 세계 16개국 57개 대학의 교육기관과 국제교류 협력체제를 구축하고 다양한 학생교류 프로그램을 운영한 결과 매년 300여 명의 학생들이 미국, 호주, 중국, 일본, 대만, 필리핀 등지의 대학에서 수학한다. 또 세계 20여 개 대학과 교육과정을 공유하고 복수학위제와 공동학위제 프로그램을 도입, 2개 대학의 학위를 동시에 받는 등 교수와 학생을 교류한다. 특히 올해부터 국제화 역량강화를 위해 국제교류센터를 설치, 국제화·세계화 관련 업무를 총괄해 외국 유학생을 유치하고 있다.

이 밖에 순천대-여수시 간 여수세계박람회 지원 업무협약을 체결해 자원봉사 인력 지원, 해양문화콘텐츠 개발 등 각종 학술연구 지원을 예상하고 있다.

● 정부가 전남지역에 1개 약학대학을 신설할 계획이다. 순천대의 강점은?

약학대학 선정은 약사를 배출하려는 목적이 아니다. 미래의 성장동력인 신약개발을 위한 연구전문 인력양성을 위한 6년제 전문대학원이 중심이다. 전남의 여타 대학에 비해 대학의 기본 역량이 상대적으로 월등하고 약학 관련 분야의 학과 분포가 많다.

일부 학과는 신약을 개발했고, 식물의학과의 지의류표본은행은 세계적 수준이다. 연구 인프라가 잘 구축되어 있어서 가장 경쟁력이 있다고 확신한다. 또한 광주와 목포 등 서부권에 치우친 의료 인프라에 비해 전남 동부 지역은 상대적인 의료 인프라 소외를 극복하기 위해서도 필수적이다.

● 글로벌 광양캠퍼스 무산에 대한 순천대의 아쉬움과 지역사회에 대한 바람이 있다면?

광양캠퍼스 설립으로 순천캠퍼스와 광양캠퍼스 간의 선순환효과로 대학경쟁력 향상, 우수학생의 수도권 유출 억제로 인한 학부모 부담 경감, 지역경제 활성화 기여, 우수졸업생을 통한 지역기업의 안정된 인력공급 등 순천캠퍼스와 광양캠퍼스 간 교육 및 연구력 공유를 통한 학생들의 실력 및 취업률 향상을 제고할 수 있는 기회가 있었다.

그러나 바른 지역발전에 대한 방향 제시 대신 감각적이고 구호적인 일에 매몰되어 무산되는 바람에 많은 기회를 놓친 점들이 아쉽다. 책임 있는 사람들이 진정한 지역발전과 인재양성을 위한 소명의식이 필요하다고 본다.

'순천대에서 세계로, 세계에서 순천대로'라는 슬로건 아래 국제적 감각을 지닌 글로벌 인재양성에 최우선 목표를 두고 있는 장 총장은 "기술력을 보유하고 있는 인쇄전자 분야에 대해 세계 수준의 연구중심대학으로 부족함이 없다."면서 "앞으로 우리나라의 경제성장력을 인쇄분야가 책임질 수 있다."고 확신했다.


장 총장은 "전남 경제의 축인 광양만권에 대학의 존재 필요성을 잘 알고 있는 정부가 광양캠퍼스 설립을 추진할 것"이라며 "앞으로 광양캠퍼스가 설립되면 순천대와 더불어 전국 제일의 특성화 대학으로 거듭나는 것은 자명하다."고 말했다.


'옷처럼 걸치는 컴퓨터' 순천대의 꿈

세계적 석학들과 연구

휴대전화 휘어지는 세상…"순천대 주목할 날 올 것"

"앞으로 5년 이내에 휴대전화나 디스플레이가 보들보들하게 휘어지고 개인용 컴퓨터도 옷처럼 걸치고 다니는 것이 가능해진다."

순천대가 야심차게 연구하고 있는 인쇄전자 분야의 핵심 기술이 상용화될 경우 벌어지는 상황이다. 인쇄전자공학은 전자부품을 인쇄 방식으로 만드는 것을 연구하는 분야이다.

순천대는 이 인쇄전자기술을 기반으로 교육과학기술부의 세계 수준 연구중심대학 육성사업(WCU)에 선정돼 올해 인쇄전자공학과를 만들었다. 그리고 해외 석학들을 초청하고 교육과정도 구성했다.

"이건(명함) 그림(설계도)처럼 보이지만 제품입니다. 실제로 작동하는 무선인식 전자태그(RFID)지요. 이 태그가 책, 주민등록증, 전자제품 등 사회전반에서 사용하게 됩니다."

인쇄전자공학과 조규진·표명호 교수는 지난해 6월 세계 최초로 100% 인쇄방식의 RFID를 개발해 시연했다.

이들은 인쇄전자공학을 이용하면 기존의 실리콘을 기반으로 하는 반도체 공정을 20회에서 4, 5회로 줄일 수 있다고 장담했다. 이는 제조원가를 획기적으로 줄이는 기술이다. 전자산업의 패러다임을 바꿀 수 있는 기술로 평가받는 것도 이 때문이다.


이렇게 순천대가 세계 수준의 연구중심대학으로 선정돼 인쇄전자공학 전공이 발전하면 대학 내 연관 학문 분야도 함께 발전하고 순천대도 자연스럽게 경쟁력을 갖추게 된다.

세계적으로 인쇄전자공학 관련 전공이나 학과가 대학의 정식프로그램으로 개설된 곳은 순천대가 유일하다. 인쇄전자공학은 정보기술(IT), 나노기술(NT), 인쇄기술(PT)이 융합돼야 하는 학문으로 인쇄와 전기화학 재료금속 광전자 재료 분야의 지식이 두루 발전하게 된다. 여기에 LED조명 분야에서도 인쇄전자 RFID기술과 소재탐색기술을 활용하면 독자적인 원천기술을 확보하게 된다.

순천대는 올해 초 노벨상에 근접한 학자로 평가받는 외국의 석학들과 함께 세계에서 처음 시도하는 학과 교육과정을 짰다. 또한 대학원과 연계할 학부과정을 신설했다. 여러 학문 분야의 지식습득 등 시간 확보를 위해 여름방학 없이 운영하는 1년 4학기제를 채택, 운영에 들어갔다.

장만채 순천대 총장은 "인쇄전자공학과는 대학 특성화로 국내뿐만 아니라 세계에서도 경쟁력 있는 학과다."며 "앞으로 몇 년 후면 세계가 순천대를 주목할 것이다."고 자랑했다.

# '소통과 협력으로'
## 함께하는 전남교육
## 광주MBC 시선집중 광주

---

- 교육력 제고 방안
- 거점고등학교 육성
- 지방교육재정 확보 방안
- 빛가람 혁신도시 교육경쟁력 확보 방안

**진행자 :** 오늘 1부는 장만채 전라남도교육감을 만납니다.

지난주 장휘국 광주시 교육감 인터뷰에 이어서 오늘은 8일로 취임 100일을 맞은 장만채 전라남도교육감과 전남교육의 발전방향과 계획에 대해 이야기 나누겠습니다. 장만채 전라남도교육감 전화 연결되어 있습니다. 안녕하십니까? 교육감님!

**교육감 :** 예, 안녕하세요.

**진행자 :** 벌써 취임하신 지 100일이 지났는데요, 재선이신데 지난 민선 1기와 어떤 점이 조금 달라지셨는지요.

**교육감 :** 글쎄, 저는 연속성에 있기 때문에 정책의 큰 변화는 없습니다만, 중점 분야가 1기 때는 교육환경개선에 역점을 두었다면 2기 때는 나름대로 갖춰진 교육환경 내에서 교육의 본래의 목적인 아이들의 교육력을 높이는 데 소프트웨어적인 부분에 더 신경을 쓸 생각입니다.

**진행자 :** 1기에 다져놓은 토대 위에서 실천, 구체적인 성과를 내셔야 할 출발을 하신 것인데 2기 출범 당시에 학생들의 실력을 향상시키는 데 매진하겠다 이렇게 밝히셨습니다. 교육력 향상에 중점을 두신 이유, 가장 큰 이유가 뭡니까?

**교육감** : 교육력을 높여야 되겠다는 그것은 아마 모든 학부모의 바람이고 교육을 시키는 목적이자 본질이라 생각합니다. 사실 그동안에 우리나라에서 많은 교육정책의 변화들이 있었던 것은 그 본질에 충실하기보다는 그것을 어떻게 집약시키는 과정에서 현상과 방법에만 매달리다 보니까 교육정책들이 끊임없이 변한 것 같습니다. 그래서 저희들은 보여주기 위한 성과를 내게 하는 것보다도 진정으로 우리 아이들이 성장해서 나중에 사회생활을 할 때 정말 필요한 교육이 무엇이겠는가, 당당한 사회인으로 역할을 할 수 있는 데 필요한 그런 교육의 본질적인 부분, 그래서 인성부분과 창의성 부분을 높여주는 부분에 중점을 둘 생각입니다.

**진행자** : 그런 교육력 제고를 위해서는 여러 가지 계획들이 추진이 되고 또 준비가 됐을 텐데 그중에서 특히 민선 1기 때부터 독서논술 토론식 수업을 강조하셨는데 어떻습니까, 이번에 2기 때도 계속 이어집니까?

**교육감** : 그렇습니다. 저희들이 아이들에게 필요한 교육력이 가장 중요한 것이 무엇이겠느냐 하는 것을 전문가들이나 우리 교육청 관계자들 또는 학부모님들과 논의를 거쳤습니다. 결국은 그 핵심은 독서·토론이다. 그것은 선진국에서 시행하고 있는 방법이고 또 유네스코라든지 세계적인 교육기관들에서 추천을 할 때 가장 중요한 게 아이들의 자기주도적인 학습능력, 즉 자기 스스로 한다든지 아니면 창

의성을 발휘한다든지 아니면 인성을 길러준다든지 이 세 가지가 가장 핵심이라고 이야기하고 있습니다. 그래서 이 세 가지를 동시에 만족시킬 수 있는 교육적 방법이 독서·토론이라고 생각해서 저희들이 추진을 하고 있고요. 불행 중 다행으로 전남에는 소규모 학교가 많아서 독서·토론수업을 하기가 안성맞춤입니다. 사실 대도시에 있는 큰 학교들은 하고 싶어도 하기 힘든 그런 환경적 제약이 있는데 전남은 그런 전남의 열악한 상황을 오히려 도약의 계기로 삼을 수 있는 좋은 교육방법이라고 생각합니다.

**진행자 :** 자꾸 학교가 작아지는 게 약점이 되는데 때에 따라서는 이 부분이 오히려 강점이 되는 그런 교육의 방법을 발굴하신 것인데요. 장만채 교육감님의 최대 치적사업 중에 하나는 우리가 보통 거점고 사업을 이야기하곤 하는데 지금 거점고 운영실태가 어떻습니까?

**교육감 :** 지금 저희들이 작년부터 사실 마무리를 해서 공사가 들어가서 빠른 데는 내년 상반기 중에 완공이 되고 후반기부터는 개교가 될 것이고요. 늦어도 2016년에는 전 학교가 거점고등학교로 출발을 할 생각입니다.

저희들이 사실은 많은 부분들에서 전남의 학생들이 유출되고 그런 이유 중에 하나가 학생들 또는 학부모님들의 교육적 욕구를 충족시키지 못했기 때문에 그런 현상들이 나타나고 있다고 생각하는데 그것이 소규모 학교가 갖는 단점입니다. 학생 수가 적기 때문에 충분한 선생님이라든지 교육환경시설을 갖추지 못하는 제약 때문에 교육의 질이 떨어집니다. 그래서 교육의 질이 떨어지기 때문에 학생들의 이탈이 생기는데 그것을 막아보고 학생들에게 좋은 교육을 시킬 수 있는 여건들을 마련해보자라고 해서 시작한 것이고, 그것도 정부가 좋은 정책이라고 생각했을 때 파격적인 지원을 해줘서 가능한 것입니다. 지금 현재 전남의 10개 고등학교에 대해서 시행을 하고 있습니다.

**진행자 :** 이렇게 시행되는 거점고등학교, 성과를 측정하거나 조사해봐야 되는데 언제쯤 어떤 성과를 예상하고 계십니까?

**교육감 :** 저희들이 아까 말씀드렸던 독서·토론수업하고 거점고등학교에 의한 교육환경 개선사업을 추진한 것들의 문제가 교육효과가 단기간에 나지 않는다는 것입니다. 예를 들어서 광양시 같은 경우는 전임 광양 이성웅 시장님이 10년 정도 광양에 교육투자를 했습니다. 그것이 10년 정도 지나니까 금년부터 광양이 전남 22개 시·군 중에서 교육효과가 가장 높습니다. 교육력이 가장 높은 지역으로 나왔거든요. 그래서 저희들도 투자는 제가 하고 노력은 합니다마는 제 임기가 끝난 다음부터 효과가 나타나지 않을까 그렇게 생각합니다.

**진행자 :** 상당히 의미 있는 정책 같습니다. 보통 임기 안에 무언가 가시적인 성과를 내려고 하는 경우가 많은데 지금 투자하고 과실은 다른 분들이 하도록 하는 것, 이거 아주 좋은 교육정책을 하시는 것 같

고요. 또 하나 전남형 혁신학교, 무지개학교 이 부분은 계속 확대해 가시는 것입니까?

**교육감** : 그렇습니다. 지금 현재 학부모님들 또는 학생들의 만족도가 가장 높은 교육정책 중의 하나가 무지개학교입니다. 무지개학교의 본래 목적인 아까 말씀드린 세 가지, 창의성이라든지 자기주도적이고 또는 인성을 길러주는 데 좋은 교육정책이라고 생각해서 학생들이나 또는 학부모님들 만족도가 높기 때문에 저희들이 계속 확대해서 지속적으로 추진할 생각입니다. 현재 저희들이 그동안에 개별 학교별로 했던 것들을 지금 군에 있는 전체를 무지개특구로 정해서 골고루 학생들이 경험을 할 수 있고 혜택을 볼 수 있도록 그렇게 진행하고 있습니다.

**진행자** : 모든 사업의 관건은 사실상 예산인데요, 최근 전국 시도교육감들이 내년 어린이집 보육료를 예산편성하지 않겠다, 이렇게 밝혔는데 그 이유도 사실 지방교육재정이 그만큼 열악하기 때문에 나온 이야기인데 지금 현재 전라남도교육청의 상황은 어떻습니까?

**교육감** : 저희 전라남도교육청은 거점고등학교 하는 과정 중에서 정부로부터 여러 가지 인센티브를 받아서 사실 그동안에는 큰 어려움은 없었습니다. 그런데 가장 큰 문제는 초등학생들의 돌봄이라든지 이런 부분들은 저희들이 법적으로 정해진 부분이긴 하는데 아직 취

학 전에 학생들에 대한 부분은 사실 교육청이 할 영역은 아닙니다. 그런데 교육적 차원에서 저희들이 지원을 했는데 정부에서 세수부족으로 지난해만 해도 2조 가량을 지방교육청에 돈을 주지 못했거든요. 그래서 금년에도 그와 같이 되고 내년에도 그렇게 된다면 저희들이 재정압박을 받을 수밖에 없기 때문에 본래의 영역에 의해 법적 근거를 가지고 해라 그런 부분들이 있습니다.

**진행자 :** 앞으로 이런 지방교육 재정난을 해결하기 위해서는 어떤 해결책을 찾아야 된다고 보십니까?

**교육감 :** 사실 이런 문제가 생기는 것은 이전 정권인 이명박 정부 때 부자 감세 있지 않았습니까, 부자 감세가 됨으로써 세수가 줄어드는 것입니다. 그러니까 재정압박을 정부가 받을 수밖에 없는 상황에서 복지예산을 확대해 버리니까 이런 문제가 생긴다, 라고 보입니다. 그래서 복지라는 것은 싫어하는 사람 아무도 없습니다. 그러나 정말 필요한 부분에 복지혜택이 들어갈 수 있도록 하고 또 의무사항이고 기여이기 때문에 그런 정책들에 대해서 재원도 마련하고 복지도 필요한 부분에 써지는 것들이 필요하다, 라는 생각을 갖고 있습니다.

**진행자 :** 세제 개혁을 통해서 근본적으로 복지나 또 새롭게 요구되는 예산을 창출하는 게 필요하다 이런 것 같습니다.

**교육감** : 그렇습니다. 그렇지 않고서는 해결해낼 방법이 없습니다.

**진행자** : 그렇지 않고서는 선언과 주장만 있는 것이지 실천이 없는 것이지요. 자꾸 서로 떠넘기게 되고. 자, 나주 빛가람 혁신도시로 공기업들이 이전하고 있는데요. 가족이 함께 내려오는 경우 가장 큰 고민이 아이들 교육문제 같습니다. 이 부분에 대해 전라남도교육청의 고민은 어떻게 하고 계시는지요.

**교육감** : 그것이 말씀하신 대로 가장 큰 문제입니다. 사실 사람들이 모이는 것은 경제적인 이유가 첫 번째이고, 두 번째가 교육적 이유입니다. 이 두 가지 때문에 사람이 모이는데 나주혁신도시는 이 두 가지를 충족시켜줬을 때만이 정주를 하게 되기 때문에 혁신도시 내에 교육적 요건을 마련해주기 위해서 저희들이 최선을 다하고 있고요. 아마 혁신도시에 생긴 학교들의 교육환경들은 세계적인 수준을 갖추고 있고 그 안의 교육프로그램도 교육과정이라든지 교육내용도 잘 되어 있다라고 생각하고 있습니다. 그래서 혁신도시 부분이 지금 당장은 효과를 못 보더라도 그건 아마 제 임기 내에도 효과를 볼 수 있을 것이라고 보입니다. 그 정도로 저희들이 신경을 쓰고 있고 구체적인 것은 나주시하고 저희들하고 역할분담이 되어야 되기 때문에 저희들이 나주시에 요구하고 있습니다.

**진행자** : 지금 말씀하신 잘 준비가 되어 있다고 하는 말 속에는 자사

고라든가 국제고라든가 이른바 명품학교 이런 학교의 유치도 현재 추진 중에 있습니까, 어떻습니까?

**교육감** : 저희들이 논의를 하고 있습니다. 그런데 그것은 저희들만의 것으로 될 수 없고요. 나주시의 협력이 필요하기 때문에 그런 부분들에 대해서 나주시와 논의를 하고 있고, 저희는 교육이라는 것은 각각 개개인의 다양한 욕구를 충족시켜줄 수 있고 만족시켜줄 수 있어야 된다고 생각하기 때문에 그런 다양한 또 공부를 좋아하는 학생 또는 자기 특기를 살리고 싶은 모든 학생들의 다양한 욕구를 충족시켜줄 수 있어야 되기 때문에, 김 교수님께서 말씀하신 그런 부분들에 대해서도 저희들이 충족시켜줄 수 있도록 그런 학교들을 세울 생각입니다.

**진행자** : 다양성 중에 하나로 여러 가지 교육방법을 다 고려해서 교육문제 때문에 어려움을 받지 않도록 공기업에서 이주해오는 분들이 조금 느껴야 될 것 같습니다.

**교육감** : 그렇습니다.

**진행자** : 마지막으로 지역민들께 꼭 하고 싶은 말씀 정리해주시지요.

**교육감 :** 저에게 전라남도교육감이라는 중책을 두 번이나 수행할 수 있게 지지하고 성원해주신 교육가족과 도민여러분들에게 정말 진심으로 감사드리고요, 그 기대와 성원에 부응하도록 우리 아이들을 잘 교육시키도록 하겠습니다. 정말 감사드립니다.

**진행자 :** 오늘 말씀 여기까지 듣겠습니다. 고맙습니다.

## 나의 삶 나의 생각

**1판 1쇄 인쇄** 2019년 12월 31일
**1판 1쇄 발행** 2020년 1월  6일

**펴낸이** 장만채

**발행인** 양원석
**펴낸 곳** ㈜알에이치코리아
**주소** 서울시 금천구 가산디지털2로 53, 20층 (가산동, 한라시그마밸리)
**편집문의** 02-6443-8842    **도서문의** 02-6443-8800
**홈페이지** http://rhk.co.kr
**등록** 2004년 1월 15일 제2-3726호

ISBN 978-89-255-6859-1 (03370)